Inversiones 4.0:
Aprovechando Oportunidades en la Revolución Económica

DANIEL LUNA

Contenido

Agradecimientos

Quiero comenzar primero que nada por agradecerme a mi mismo por haber tenido la idea de escribir este libro y el tiempo que le he dedicado a esta área para volverme experto en ella, aunque suena narcisista y egoísta para muchos, es necesario reconocernos y valorar siempre nuestro esfuerzo que ponemos en lo que sea que hagamos.

En segundo lugar quiero agradecer a especialmente mi Mamá que el apoyo que he obtenido de ella en todos los sentidos, pues desde mis estudios universitarios hasta algunos diplomados y certificaciones no hubieran sido posibles sin ella y también sin mi Papá, el apoyo de ambos se ha derivado a construirme como persona y pulir mis habilidades en aquello que más me gusta hacer, qué es invertir, mis padres han sido ese pilar que me ha sostenido.

En tercer lugar quiero agradecer a mis hermanos y un par de amigos que han sido parte de este proyecto aportando ideas cada uno, acerca de su visión y panorama en este nuevo mundo financiero.

Por último quiero agradecer a toda la gente que directa o indirectamente me apoya al leer este libro, a ustedes que espero puedan tomar lo que mejor les convenga que aprendan aquí y puedan aplicarlo en sus vidas y su área financiera.

Prefacio del autor

Bienvenido a un viaje a través de un paisaje financiero en constante evolución. Desde la ciudad que te encuentres, el idioma que hables, la cultura que abraces o la zona horaria en la que vivas, hay un denominador común: todos estamos experimentando un mundo que avanza a un ritmo sin precedentes. Y en medio de este torbellino de cambios, emerge la Web 3.0, una era digital que redefine lo que entendemos por inversión, economía y progreso.

A mis 26 años, he absorbido y observado estos cambios con asombro, y a menudo con escepticismo. Pero, más que nada, con una curiosidad insaciable. En estas páginas, he volcado mis reflexiones, investigaciones y perspectivas para ofrecerte una guía en este terreno, a menudo inexplorado y a veces intimidante.

Espero que al cerrar este libro, no solo te sientas más informado, sino también inspirado. Que los conceptos y estrategias presentados te sirvan como herramientas para forjar tu camino en el complejo ecosistema de la Web 3.0, permitiéndote adaptarte, crecer y, sobre todo, prosperar en este nuevo mundo.

Porque, al final del día, todos compartimos un objetivo común: enfrentar los desafíos, adaptarnos y superar cualquier obstáculo que se interponga en nuestro camino.

FLY HIGH!!!

Introducción

El siglo XXI, desde su inicio, ha sido testigo de transformaciones vertiginosas y sin precedentes que han redefinido no sólo nuestras economías, sino la esencia misma de cómo vivimos, trabajamos, nos comunicamos y nos relacionamos. Estas transformaciones, impulsadas por avances tecnológicos, adaptaciones culturales y cambios socioeconómicos, han forjado un mundo más interconectado y dependiente de la información. Sin embargo, entre todas estas metamorfosis, destaca una revolución silenciosa pero profundamente disruptiva: la revolución de la economía global. En este entorno hiperconectado, donde la información se transmite en milisegundos y la innovación es constante, las finanzas tradicionales y la tecnología se han entrelazado de formas inimaginables, dando lugar a un nuevo paradigma: la "Inversión 4.0".

La velocidad y magnitud del cambio que presenciamos son asombrosas. Lo que ayer era visto como un avance revolucionario, hoy se ha establecido firmemente en nuestra cotidianidad. Y lo que hoy consideramos como la última palabra en innovación, puede quedar relegado al olvido con la llegada del siguiente amanecer. Sin embargo, esta misma dinámica de constante evolución abre puertas a oportunidades sin parangón para aquellos visionarios con la audacia y la agudeza de reconocerlas y aprovecharlas. Pero, como es de esperar, estas oportunidades no vienen solas; están intrínsecamente ligadas a nuevos riesgos, desafíos y paradigmas que exigen una preparación meticulosa, una sed insaciable de información y una estrategia robusta y adaptable.

Este libro se presenta, entonces, no sólo como un mapa detallado que traza los contornos de esta nueva geografía financiera, sino también como una brújula fiable para aquellos inversores audaces que se adentran en estos territorios aún por desvelar. Desgranaremos, página tras página, los temas críticos y las tendencias emergentes que están esculpiendo la economía del siglo XXI, desde el irresistible auge de las criptomonedas hasta las transformaciones tecnológicas que están redefiniendo y reconfigurando industrias enteras. Pero, este viaje va más allá de la teoría; promete herramientas prácticas, insights valiosos y estrategias concretas que te permitirán capitalizar estas oportunidades y navegar con firmeza y confianza en aguas que, a menudo, parecen turbulentas e impredecibles.

La historia de la humanidad está jalonada de revoluciones: la revolución agrícola, la revolución industrial, la revolución informática. Cada una ha traído consigo no sólo desafíos, sino oportunidades inimaginables. Ahora, nos encontramos en el umbral de la revolución de la "Inversión 4.0", y aunque nos enfrentamos a desafíos titánicos, las posibilidades son aún más grandiosas. Con este compendio en tus manos, esperamos que no sólo logres entender y apreciar la magnitud y el alcance de esta nueva era, sino que te sientas galvanizado para sumergirte en ella, aprovechar las múltiples oportunidades que se presentan y, en el proceso, trazar tu propia odisea hacia el éxito.

Así que, sin más preámbulos, te invito a embarcarte en este viaje fascinante, a explorar los recovecos de este mundo nuevo y emocionante. Bienvenido al epicentro de la revolución financiera, al corazón palpitante de la inversión del futuro. Bienvenido a la "Inversión 4.0".

Capítulo 1

Fundamentos de la Revolución Económica

El flujo de la economía ha sido una constante desde la aurora de las civilizaciones humanas. Al igual que un río caudaloso, serpenteante y en perpetuo movimiento, la economía ha recorrido paisajes vastos, desde vastas llanuras de prosperidad hasta precipicios de crisis, adaptándose y evolucionando con cada curva y obstáculo en su camino. No se puede negar la influencia de innumerables factores, desde descubrimientos geográficos y *revoluciones científicas hasta guerras y pactos políticos, que han moldeado su curso a lo largo de los siglos.*

Historiadores, economistas y filósofos han estudiado con fascinación la forma en que las economías han crecido, contraído, colapsado y renacido a lo largo de las eras. Han observado patrones, establecido teorías y, a menudo, han quedado perplejos ante los caprichos impredecibles de los mercados y las fuerzas monetarias. Pero si hubiera un período que destacara por su potencial disruptivo y su promesa de cambio, sin duda serían las últimas décadas. Nos encontramos, como sociedad global, en un punto de inflexión monumental, en la cúspide de lo que podría ser la revolución económica más significativa de la historia moderna.

Impulsada por una combinación de factores: avances tecnológicos que parecen sacados de novelas de ciencia ficción, un cambio radical en los paradigmas sociales y económicos, y el surgimiento de una nueva generación de inversores y empresarios armados con herramientas y visiones nunca antes vistas, esta revolución promete redefinir no solo cómo entendemos el dinero y la inversión, sino también las mismas estructuras y fundamentos de la economía mundial.

Este capítulo busca ser una lente, un prisma, a través del cual se pueda examinar y comprender la magnitud de estos cambios. No es simplemente una revisión de datos y tendencias, sino una exploración profunda y reflexiva de los conceptos que están redefiniendo nuestra comprensión del tejido mismo de la economía global.

Para muchos, términos como "criptomoneda", "blockchain", "economía compartida" y "digitalización" son jerga contemporánea que define nuestra era. Pero, ¿cómo llegamos aquí? ¿Qué confluencia de circunstancias y desarrollos nos condujo a este precipicio de posibilidades económicas?

La respuesta radica no solo en la tecnología, aunque es un catalizador crucial, sino también en un cambio global en la mentalidad y en las expectativas de lo que es posible. La era de la información ha democratizado el acceso a conocimientos y recursos, permitiendo una colaboración y una innovación sin precedentes. A medida que las fronteras se han difuminado y las distancias se han acortado digitalmente, hemos visto surgir una nueva generación de inversores y empresarios. Estas mentes brillantes no solo desean obtener ganancias, sino que también aspiran a cambiar el mundo, a dejar una huella, a influir en la dirección de nuestra evolución colectiva.

A medida que nos adentramos en las profundidades de este capítulo, invitamos a los lectores a abrir sus mentes, a cuestionar lo que saben y a abrazar las posibilidades de lo que está por venir. A través de entrevistas, análisis, estudios de caso y reflexiones, nos embarcaremos en un viaje para descubrir los pilares de la "Inversión 4.0" y entender cómo cada uno de nosotros, independientemente de nuestra formación, experiencia o ubicación, puede posicionarse y prosperar en este nuevo y emocionante panorama económico.

La revolución ya está aquí, y promete ser un viaje emocionante. La pregunta es: ¿estás listo para ser parte de ella?

1.1 Definiendo la "Inversión 4.0" y sus pilares fundamentales

Las revoluciones, ya sean políticas, culturales o económicas, no ocurren en el vacío. Son el producto de un cúmulo de   fuerzas y tendencias, un crisol de ideas y desafíos. Para trazar adecuadamente el alcance y la dirección de una revolución, es imprescindible adentrarse en sus orígenes, explorar sus impulsos y, sobre todo, identificar sus pilares. La "Inversión 4.0" emerge como un paradigma que no solo es el resultado de esta confluencia de factores, sino también un actor principal en su continuo desarrollo.

¿Qué es realmente la "Inversión 4.0"?
En su esencia, la "Inversión 4.0" es una simbiosis del mundo financiero y la Cuarta Revolución Industrial. Esta última, como muchos saben, es una época donde la integración de tecnologías digitales, físicas y biológicas está redefiniendo no solo cómo vivimos y trabajamos, sino cómo percibimos la realidad misma. Si la Cuarta Revolución Industrial es un terremoto tecnológico que sacude los cimientos de varias industrias, la "Inversión 4.0" es la onda sísmica que transforma la topografía del paisaje financiero, dictando nuevas formas de valorar activos, de invertir capital y de evaluar el éxito en términos financieros.

Los pilares esenciales de la "Inversión 4.0":

- **Tecnología e Hiperconexión:** *En esta nueva era, la tecnología no es simplemente una herramienta; es el lenguaje en sí mismo. Conceptos como digitalización, blockchain, inteligencia artificial y computación cuántica no solo están optimizando operaciones, sino creando nuevas formas de transaccionar y decidir en finanzas. Más allá de las herramientas, el mundo está más interconectado que nunca. Esta hiperconexión permite que un inversor en Buenos Aires pueda tomar decisiones basadas en información generada en Tokio hace apenas unos segundos. Este fenómeno ha democratizado radicalmente el acceso a datos y oportunidades de inversión.*

- **Globalización y Mercados Frontera:** *Tradicionalmente, las potencias económicas occidentales han sido vistas como los epicentros financieros. Pero el mundo de la "Inversión 4.0" es descentralizado. Está emergiendo un nuevo ecosistema financiero donde mercados en Asia, África y* otras regiones previamente marginadas están surgiendo con una vigorosa demanda de capital, innovaciones y un crecimiento demográfico que no puede ser ignorado. Esta es una era en la que las oportunidades no están confinadas a los rascacielos de Wall Street o a los elegantes edificios de la City londinense, sino que pululan en startups en Bangalore o en firmas agrotecnológicas en Nairobi.

- **Sostenibilidad y Responsabilidad:** *Los inversores de hoy buscan trascender. Ya no es suficiente con las ganancias; ahora se demanda propósito. La inversión socialmente responsable y las consideraciones ESG (Medioambientales, Sociales y de Gobernanza) no son simples añadidos, sino criterios centrales en la toma de decisiones financieras. Las empresas no solo deben demostrar rentabilidad, sino también una conciencia clara de su impacto en el mundo.*

- **Educación y Acceso:** *En la era de la "Inversión 4.0", el conocimiento es poder, y el acceso a este conocimiento es esencial. La era digital ha traído consigo una avalancha de recursos, desde plataformas de inversión en línea hasta seminarios web y cursos de educación financiera. El ciudadano promedio ahora tiene las herramientas para aprender, invertir y prosperar.*

La "Inversión 4.0" se erige como un faro en un mundo financiero en constante transformación, guiando el camino hacia un horizonte donde la interconexión, la sostenibilidad y el conocimiento son valores centrales. Este nuevo paradigma es el testimonio de un mundo financiero que ya no se mira a sí mismo desde una perspectiva estrecha, sino que reconoce y abraza las vastas posibilidades y responsabilidades inherentes a un ecosistema globalizado y tecnológicamente avanzado. Al avanzar en esta exploración de la nueva era de inversión, será esencial para los inversores sumergirse profundamente en estos pilares, adaptarse a ellos y, lo más importante, innovar a partir de ellos. Solo entonces se podrá navegar con confianza y visión por las complejidades de la economía moderna.

1.2 Exploración de cómo la tecnología está redefiniendo los mercados y las oportunidades de inversión.

En la travesía contemporánea del mundo financiero, la tecnología ha emergido como la brújula que guía y redefine constantemente el horizonte de inversión. La forma en que percibimos, interactuamos y capitalizamos las oportunidades financieras ha experimentado una metamorfosis bajo la sombra omnipresente de la innovación tecnológica.

Plataformas de Inversión Digitalizadas: *Una Revolución en Acceso y Autonomía*

Antes relegado a las cámaras de las instituciones financieras titánicas, el acto de invertir ha sido liberado y puesto en manos del público en general. Plataformas como Robinhood y eToro han emergido como los vanguardistas en esta rebelión democrática. Más allá de simplemente ofrecer interfaces amigables al usuario y estructuras de comisiones competitivas, estas plataformas están educando a una nueva generación sobre los matices del mercado, cultivando un ecosistema más informado y empoderado de inversores.

Blockchain: Desencadenando Potencial más Allá de las Monedas

A pesar de que las criptomonedas han robado el protagonismo, la esencia disruptiva de blockchain se extiende mucho más allá. Esta tecnología, en su núcleo, desafía la estructura tradicional de transacciones, proponiendo un sistema más transparente, descentralizado y seguro. Imagina la posibilidad de tener transacciones de bienes y servicios, desde casas hasta obras de arte, representadas y almacenadas en bloques de datos impenetrables, facilitando el comercio y reduciendo fraudes.

Big Data e Inteligencia Artificial: El Oráculo de la Era Moderna

El advenimiento del Big Data y la IA ha generado un océano de información. Pero más allá de la magnitud de datos, es la capacidad de descifrar, comprender y actuar sobre estos datos lo que está redefiniendo los límites de la predicción financiera. Ya no estamos hablando de simples análisis de tendencias; estamos vislumbrando un futuro donde los sistemas pueden anticipar shocks económicos o identificar microtendencias antes de que se manifiesten en escalas mayores.

Realidad Virtual y Aumentada: Rompiendo los Límites de la Interacción Financiera

La RV y RA prometen cambiar la experiencia de inversión, llevándola a un dominio más intuitivo y visual. La posibilidad de analizar datos financieros en un espacio tridimensional o de interactuar en tiempo real con modelos económicos complejos podría transformar la forma en que se capacita a los inversores y cómo estos toman decisiones.

Automatización y Asesoramiento Robotizado: La Precisión del Futuro

Los robo-advisors son la encarnación de la promesa de precisión y eficiencia. Operan sin fatiga, sin emociones y con una capacidad de procesamiento que desafía la comprensión humana. Su capacidad para ajustar y optimizar carteras en tiempo real significa que las inversiones pueden ser administradas con una eficiencia sin precedentes.

Internet de las Cosas (IoT) y el Mosaico de Conectividad

El IoT trasciende la simple conectividad de dispositivos. Se trata de un ecosistema interconectado donde cada dispositivo, desde electrodomésticos hasta vehículos autónomos, puede generar datos valiosos. Estos datos, cuando se analizan en conjunto, pueden ofrecer perspectivas revolucionarias para la inversión.

La confluencia de estas tecnologías no es solo una señal del futuro; está reescribiendo activamente el presente. Mientras nos adentramos más profundamente en el laberinto de la "Inversión 4.0", es imperativo que los inversores no solo se adapten, sino que también sean proactivos en su empeño por comprender y capitalizar estas innovaciones. El paisaje financiero, en su esencia, está siendo remodelado, y quienes se mueven con agilidad y anticipación en este nuevo terreno serán los pioneros de la próxima era dorada de la inversión.

1.3 Adopción de nuevos modelos económicos y su impacto en las estrategias de inversión

Mientras el mundo se enfrenta a la cuarta revolución industrial, impulsada en gran parte por avances tecnológicos, los cimientos de la economía tradicional están siendo remodelados. En este escenario dinámico, la adopción de nuevos modelos económicos no solo está cambiando la forma en que las empresas operan, sino que también está reconfigurando las estrategias de inversión.

La Economía Colaborativa

Uno de los avances más destacados de la última década ha sido la economía colaborativa. A diferencia de los modelos tradicionales donde la propiedad y el consumo son exclusivos, la economía colaborativa desafía estas nociones al promover la idea de compartir. Plataformas como Airbnb y Uber han demostrado cómo activos subutilizados, como una habitación extra o tiempo libre, pueden convertirse en fuentes de ingresos.

Esto ha generado una transición desde valorar a las empresas por sus activos tangibles, como propiedades y productos, hacia valorarlas por su capacidad para crear y mantener plataformas que faciliten el intercambio entre usuarios. Para los inversores, esto significa una evaluación más profunda de la viabilidad de la plataforma, el compromiso del usuario y la escalabilidad potencial. Además, la economía colaborativa presenta nuevos desafíos regulatorios y de mercado que los inversores deben considerar.

Modelos de Suscripción

El auge de los modelos de suscripción es evidente en muchas industrias, desde el entretenimiento hasta el software. Estas empresas, como Netflix y Adobe, se benefician de flujos de ingresos recurrentes que ofrecen estabilidad y previsibilidad. Sin embargo, para que estos modelos prosperen, las empresas deben asegurarse de ofrecer un valor continuo a sus suscriptores. Para los inversores, esto se traduce en evaluar cómo las empresas retienen a sus clientes, reducen la rotación y mantienen o aumentan el valor promedio por usuario.

Economía Tokenizada y Criptoactivos

Más allá de las criptomonedas como Bitcoin y Ethereum, la tokenización está abriendo nuevas vías para representar valor y propiedad. Desde tokens que representan una fracción de una obra de arte hasta aquellos que ofrecen derechos de voto en una organización descentralizada, la economía tokenizada está redefiniendo la propiedad y el intercambio de activos. Esto plantea preguntas complejas sobre la valoración, la liquidez y los riesgos asociados. Los inversores ahora necesitan no solo entender los fundamentos económicos, sino también los aspectos técnicos de los criptoactivos y las plataformas en las que operan.

Modelos Basados en Datos

La frase "los datos son el nuevo petróleo" refleja la importancia de la información en la economía moderna. Empresas como Google, Amazon y Facebook han construido imperios al recopilar, procesar y monetizar datos. Los inversores, al evaluar oportunidades en este espacio, deben considerar no solo la cantidad de datos que una empresa puede acceder, sino también la calidad, relevancia y capacidad de esa empresa para extraer información valiosa de esos datos.

Sostenibilidad y Modelos Orientados al Impacto

La sostenibilidad ya no es solo un eslogan; se está convirtiendo en un imperativo económico. Las empresas que incorporan prácticas sostenibles en su núcleo no solo benefician al medio ambiente y la sociedad, sino que también muestran resiliencia y adaptabilidad, atributos que muchos inversores encuentran atractivos. Además, la creciente demanda de transparencia y responsabilidad ha llevado al surgimiento de inversiones ESG (Medioambientales, Sociales y de Gobernanza), donde la evaluación de una empresa va más allá de los rendimientos financieros para incluir su impacto en la sociedad y el medio ambiente.

La evolución de los modelos económicos, influenciada por avances tecnológicos y cambiantes dinámicas socioeconómicas, ha establecido un nuevo paradigma para las empresas y los inversores por igual. Estamos siendo testigos de una transición desde prácticas empresariales arraigadas hacia un terreno más fluido y dinámico, donde la innovación no es solo una ventaja, sino a menudo una necesidad para la supervivencia y el crecimiento en el mercado.

Este cambio constante proporciona una abundancia de oportunidades para aquellos dispuestos a adaptarse y evolucionar. Por ejemplo, las empresas que pueden anticipar tendencias emergentes, ya sea la adopción masiva de tecnologías descentralizadas o el auge de la economía colaborativa, tienen el potencial de posicionarse como líderes en sus respectivas industrias. Del mismo modo, los inversores que pueden discernir estas tendencias y alinear sus estrategias en consecuencia se encontrarán a menudo en una posición ventajosa en comparación con aquellos que permanecen adheridos a paradigmas más tradicionales.

Sin embargo, con estas oportunidades también vienen desafíos significativos. La rapidez del cambio tecnológico y la adaptación de nuevos modelos económicos significa que lo que es relevante o valioso hoy puede no serlo mañana. Las empresas que una vez se consideraron pilares de la industria pueden verse desplazadas por disruptores emergentes en un período de tiempo sorprendentemente corto. Para los inversores, esto significa que la diligencia debida y la investigación constante son más cruciales que nunca. Ya no es suficiente evaluar una empresa o industria basándose solo en métricas históricas; en cambio, se requiere una profunda comprensión de las tendencias emergentes y cómo estas tendencias pueden impactar en el valor y la relevancia a largo plazo.

En este paisaje en constante cambio, una mentalidad adaptativa y proactiva se convierte en una de las herramientas más valiosas. Es vital para los inversores no solo reconocer la dirección en la que se mueve el viento, sino también adaptarse y ajustar sus velas en consecuencia. Aquellos que logran hacerlo, quienes pueden navegar con habilidad y previsión a través de las aguas tumultuosas de la evolución económica, encontrarán que las recompensas potenciales son igualmente significativas.

1.4 Reflexiones históricas sobre la evolución financiera actual

Para comprender realmente la actual revolución financiera y económica, es esencial echar la vista atrás y trazar su linaje desde los primeros días del comercio y la inversión. Aunque puede parecer que las prácticas actuales son radicalmente diferentes, a menudo se encuentran profundamente arraigadas en lecciones y desarrollos pasados.

Orígenes del Comercio y los Mercados

El comercio ha sido una parte integral de las sociedades humanas desde sus albores. En las antiguas civilizaciones, como Mesopotamia y Egipto, las personas intercambiaban bienes y servicios en mercados locales, estableciendo la base para sistemas económicos más complejos. Estas transacciones rudimentarias sientan las bases para lo que eventualmente se convirtió en un complejo entramado de intercambio global.

Los griegos y romanos introdujeron conceptos más avanzados de banca y moneda, creando estándares que permitieron un intercambio más fluido de bienes y una valoración más precisa de los mismos. Estos sistemas primordiales también proporcionaron las primeras lecciones sobre inflación, deflación y la necesidad de regulaciones financieras.

La Revolución Industrial y la Modernización de los Mercados

La Revolución Industrial en el siglo XVIII y XIX trajo consigo un cambio monumental en la estructura económica mundial. La aparición de máquinas y la automatización de la producción llevaron a un crecimiento económico sin precedentes y al nacimiento de la economía moderna. Con esto, surgieron nuevas formas de financiamiento: las acciones y bonos se convirtieron en instrumentos populares para recaudar capital, y las bolsas de valores comenzaron a florecer en las principales ciudades del mundo.

Estos desarrollos no estuvieron exentos de desafíos. Las burbujas financieras, como la famosa Burbuja de los Mares del Sur en el Reino Unido, demostraron los peligros de la especulación y la necesidad de una regulación y supervisión adecuadas.

El Siglo XX: De la Gran Depresión a la Era Digital

El siglo XX fue testigo de acontecimientos financieros y económicos sin precedentes. La Gran Depresión de la década de 1930 transformó las políticas económicas globales y subrayó la fragilidad de los sistemas financieros interconectados. En respuesta, surgieron instituciones como el Fondo Monetario Internacional y el Banco Mundial para ayudar a estabilizar las economías globales.

La segunda mitad del siglo XX vio el advenimiento de la globalización, donde los mercados y economías se interconectaron a una escala sin precedentes. Los avances tecnológicos, especialmente en las comunicaciones y la informática, allanaron el camino para una nueva era de comercio e inversión. Las empresas ahora podían operar en una escala global, y los inversores podían mover fondos con el simple clic de un botón.

El Amanecer del Siglo XXI: Crisis y Oportunidades

El inicio del nuevo milenio ha sido tumultuoso. Desde la burbuja de las puntocom y su eventual estallido hasta la crisis financiera mundial de 2008, los inversores han sido testigos de los extremos del ciclo económico. Estos eventos han enfatizado la importancia de la diversificación, la diligencia debida y la comprensión profunda de los activos en los que uno invierte.

Sin embargo, a pesar de estos desafíos, el siglo XXI también ha sido testigo de innovaciones que están redefiniendo el mundo financiero. Las criptomonedas, la digitalización de los servicios financieros y la creciente influencia de la inteligencia artificial en la toma de decisiones de inversión son solo algunos ejemplos.

A medida que navegamos por las aguas a menudo turbulentas del siglo XXI, resulta esencial recordar las lecciones que la historia financiera nos ha impartido. Las páginas del tiempo están llenas de episodios de gran auge, seguidos de caídas catastróficas, de periodos de innovación sin precedentes intercalados con momentos de estancamiento y complacencia. Estos patrones, aunque pueden manifestarse de formas distintas en cada ciclo, comparten temas y lecciones subyacentes que perduran.

Por un lado, la historia nos enseña sobre la naturaleza cíclica de las economías y los mercados financieros. No importa cuán avanzada o sofisticada parezca una economía, siempre estará sujeta a fluctuaciones, algunas de las cuales pueden ser profundas y dolorosas. El optimismo desenfrenado puede conducir a burbujas que, eventualmente, estallarán. La prudencia y la cautela, incluso en tiempos de auge, pueden actuar como salvaguardias contra los excesos más extremos del comportamiento del mercado.

Por otro lado, también se destaca la resiliencia inherente de los mercados y de las personas que operan en ellos. A lo largo de la historia, después de cada crisis, hemos visto una capacidad impresionante para adaptarse, aprender y avanzar. Las regulaciones han evolucionado, se han creado nuevas herramientas y estrategias, y el sistema en su conjunto ha demostrado una capacidad notable para auto-corregirse.

La historia también destaca la necesidad constante de innovación. En cada era, las nuevas tecnologías y enfoques han redefinido el paisaje financiero. Ya sea la adopción temprana de la moneda, la creación de las primeras bolsas de valores o la revolución digital actual, la innovación ha sido un motor constante de progreso. Sin embargo, con cada salto hacia adelante, viene un nuevo conjunto de desafíos y la historia nos advierte que debemos abordar la innovación con una mezcla de entusiasmo y escrutinio.

Finalmente, el estudio de la evolución financiera subraya la interconexión de nuestro mundo. Los eventos en un rincón del globo pueden tener repercusiones en el otro extremo. Las economías y los mercados están entrelazados de maneras complejas y, a menudo, sorprendentes. Este nivel de interdependencia exige una mayor conciencia global y una comprensión más profunda de los factores macroeconómicos en juego.

Al recordar y reflexionar sobre estas lecciones, los inversores, profesionales financieros y, de hecho, cualquier persona interesada en el mundo económico, pueden enfrentar el futuro con una combinación de confianza, cautela y curiosidad. Estamos en un punto crucial en la historia financiera, y cómo respondamos a los desafíos y oportunidades actuales definirá el legado económico de nuestra generación.

Capítulo 2

Criptomonedas y la Era Digital

En la vastedad del panorama financiero, pocos temas han capturado la imaginación colectiva y la atención de expertos y legos por igual como lo han hecho las criptomonedas. Desde la aparición del Bitcoin en 2009, el mundo ha sido testigo de una revolución que no sólo ha redefinido el concepto de dinero, sino que también ha desafiado las estructuras tradicionales de poder, confianza y control en la economía global. Estamos en los albores *de la Era Digital, y las criptomonedas representan una de sus manifestaciones más potentes y disruptivas.*

Históricamente, el dinero ha evolucionado en respuesta a las necesidades y desafíos de su tiempo. Desde las antiguas monedas de concha y piedras preciosas hasta el papel moneda y, más tarde, el crédito digital, cada forma de dinero refleja las realidades socioeconómicas y tecnológicas de su época. En este contexto, las criptomonedas pueden verse como una respuesta natural a la digitalización omnipresente de nuestras vidas y a la creciente desconfianza hacia las instituciones tradicionales.

La promesa subyacente de las criptomonedas va más allá de ser simplemente una nueva forma de dinero. Son el estandarte de un movimiento que busca democratizar el acceso a los recursos financieros, reducir la dependencia de intermediarios y ofrecer un mayor grado de transparencia y seguridad en las transacciones. Además, en un mundo donde la privacidad se ha convertido en un bien precioso y a menudo amenazado, las criptomonedas ofrecen la posibilidad de realizar transacciones anónimas o pseudónimas.

Pero, como toda revolución, la era de las criptomonedas no está exenta de desafíos y controversias. Si bien prometen descentralización, las criptomonedas también han sido criticadas por su volatilidad, su uso en actividades ilícitas y su potencial impacto ambiental. Las regulaciones, todavía en desarrollo, luchan por mantenerse al día con un sector que evoluciona rápidamente, lo que plantea interrogantes sobre la adaptabilidad y resistencia de las criptomonedas frente a los esfuerzos regulatorios.

A pesar de los desafíos, lo que es innegable es que las criptomonedas y la tecnología que las sustenta - la blockchain - han abierto un mundo de posibilidades. Han dado lugar a conceptos como contratos inteligentes, tokens no fungibles (NFT) y finanzas descentralizadas (DeFi), que están remodelando el panorama económico en formas que aún estamos comenzando a comprender.

Al adentrarnos en este capítulo, nos embarcaremos en un viaje para explorar el fascinante mundo de las criptomonedas y la revolución digital que representan. Analizaremos sus orígenes, su impacto, los desafíos que enfrentan y, lo más importante, qué papel jugarán en la configuración del futuro financiero de nuestra sociedad.

2.1 Análisis de las principales criptomonedas y su función en la revolución económica.

Las criptomonedas, en su esencia, representan una forma radicalmente nueva de entender y manejar el valor financiero. Su surgimiento y consolidación son producto directo de las innovaciones tecnológicas y de un creciente deseo global de repensar las estructuras financieras tradicionales. Ahora, para comprender plenamente este fenómeno, debemos analizar las monedas líderes en este dominio y cómo están influenciando la revolución económica.

Bitcoin (BTC): *Sin lugar a dudas, Bitcoin es el precursor y la criptomoneda más reconocida del mundo. Fue presentada en 2009 por una entidad desconocida bajo el pseudónimo de Satoshi Nakamoto. Su diseño descentralizado y su estructura de blockchain rompieron con el modelo financiero tradicional al eliminar la necesidad de intermediarios. A lo largo de los años, Bitcoin ha sido aclamado como el "oro digital" debido a su naturaleza deflacionaria (tiene un suministro máximo de 21 millones de monedas) y su potencial como reserva de valor. A pesar de la volatilidad de su precio, su aceptación ha crecido y muchas instituciones financieras y empresas lo han adoptado en sus balances y operaciones.*

Ethereum (ETH): *Lanzado en 2015 por Vitalik Buterin y otros colaboradores, Ethereum introdujo el concepto de "contratos inteligentes" en el mundo de las criptomonedas. A diferencia de Bitcoin, que fue creado principalmente como una moneda digital,*

Ethereum fue diseñado como una plataforma para facilitar acuerdos y transacciones automatizadas sin intermediarios a través de su propio lenguaje de programación. Esta flexibilidad ha permitido la creación de numerosas aplicaciones descentralizadas (dApps) y ha abierto la puerta a innovaciones como las finanzas descentralizadas (DeFi) y los tokens no fungibles (NFT).

Ripple (XRP): *Ripple es tanto una plataforma como una moneda. Su enfoque principal es facilitar transacciones globales, especialmente para bancos y entidades financieras. XRP, la moneda de Ripple, actúa como un puente entre diferentes monedas fiduciarias, lo que permite realizar transferencias transfronterizas con tarifas bajas y en tiempo récord.*

Litecoin (LTC): *A menudo referido como el "plata para el oro de Bitcoin", Litecoin fue creado en 2011 por Charlie Lee, un ex ingeniero de Google. Es técnicamente similar a Bitcoin pero con tiempos de transacción más rápidos y un algoritmo de hashing diferente.*

Cardano (ADA): *Fundado por uno de los cofundadores de Ethereum, Charles Hoskinson, Cardano busca resolver algunos de los problemas más persistentes en el mundo de las criptomonedas: interoperabilidad, escalabilidad y sostenibilidad. La plataforma Cardano ha sido elogiada por su enfoque académico y orientado a la investigación.*

Estas criptomonedas representan solo la punta del iceberg en un mar de innovaciones financieras digitales. Lo que comparten es un enfoque en la descentralización, la seguridad y la eficiencia. Sin embargo, cada una tiene su propio nicho y propuesta de valor dentro del ecosistema más amplio.

Las criptomonedas han transformado la percepción y la utilización del dinero. En muchos países, donde la infraestructura financiera es inadecuada o las monedas fiduciarias son extremadamente volátiles, las criptomonedas ofrecen una alternativa viable y a menudo preferida. Para los inversionistas, representan una clase de activo emergente que, aunque volátil, ha mostrado un potencial de rendimiento sin precedentes en la última década.

La función revolucionaria de las criptomonedas va más allá de su uso como medio de intercambio o reserva de valor. Han establecido las bases para un nuevo paradigma financiero donde la autonomía, la transparencia y la descentralización son primordiales. El impacto de estas monedas digitales en la economía mundial todavía está en proceso, pero su influencia es innegable y crece día a día.

Es esencial observar, aprender y adaptarse, ya que estamos en medio de una transformación económica impulsada por la tecnología y las criptomonedas. La convergencia de la tecnología, la política y las finanzas está creando un futuro financiero donde el poder y el control pueden distribuirse de manera más equitativa entre la población, y donde las oportunidades para innovar y prosperar son casi ilimitadas. Sin duda, el papel de las criptomonedas en esta nueva era será fundamental y será emocionante ver cómo se desarrolla todo.

2.2 Desentrañando la tecnología blockchain y su potencial transformador

El blockchain, o cadena de bloques, ha pasado de ser un concepto técnico a una fuerza revolucionaria en poco más de una década. Mientras que el término puede ser nuevo para algunos, su influencia se siente en una amplia variedad de industrias y su potencial aún no se ha explorado completamente.

La naturaleza del blockchain: Una revisión más profunda

Cuando hablamos de blockchain, es esencial comprender su estructura fundamental. Imagina un libro contable que se actualiza constantemente, accesible para todos y cuya información, una vez escrita, es prácticamente inmutable. Eso es el blockchain.

Cada "página" de este libro contable es lo que llamamos un bloque, y cada uno de estos bloques contiene una lista de transacciones. Cuando un bloque se llena de transacciones, se "sella" con una marca única, conocida como hash. A medida que se crea un nuevo bloque, lleva consigo el hash del bloque anterior, vinculándolos en una cadena cronológica.

Descentralización: Más allá de una palabra de moda

La descentralización no es simplemente una característica técnica del blockchain, sino su esencia misma. En sistemas centralizados, una sola entidad tiene el control y la autoridad sobre la información y los procesos. Esto puede ser eficiente, pero también es vulnerable a fallos, fraudes y corrupción.

Por otro lado, en un sistema descentralizado como el blockchain, el control y la verificación de la información se distribuyen entre todos los participantes de la red. Esto elimina los cuellos de botella, reduce el riesgo de ataques maliciosos y ofrece un nivel de transparencia que es difícil de lograr en sistemas centralizados.

Diversidad de aplicaciones: El espectro creciente del blockchain

El mundo ha reconocido el valor de un registro inmutable y transparente. Si bien las criptomonedas fueron la primera aplicación del blockchain, su alcance se ha expandido exponencialmente:

- **Salud**: *Los registros médicos en blockchain pueden ser compartidos entre diferentes proveedores de salud garantizando la privacidad del paciente y ofreciendo una imagen completa de su historia clínica.*

- **Inmobiliaria**: *Las transacciones inmobiliarias pueden beneficiarse de contratos inteligentes, asegurando que todos los pasos en la venta o compra de propiedades sean seguidos y verificados automáticamente.*
- **Medio Ambiente**: *El blockchain puede rastrear y verificar el origen de productos sustentables, promoviendo prácticas amigables con el medio ambiente.*
- **Arte y entretenimiento**: *La autenticidad de obras de arte y coleccionables puede ser verificada mediante blockchain, combatiendo la falsificación.*

Los desafíos en el horizonte

Si bien la adopción del blockchain está en aumento, no está exento de obstáculos. Los problemas de escalabilidad son un desafío constante, con redes populares a menudo sobrecargadas, lo que resulta en tiempos de transacción más lentos y tarifas más altas. También hay preocupaciones sobre el consumo de energía de las redes blockchain, especialmente aquellas que utilizan mecanismos de prueba de trabajo.

Además, el mundo aún está debatiendo cómo regular el blockchain y sus aplicaciones. Estas decisiones afectarán la forma en que la tecnología se desarrolla y se integra en nuestras vidas cotidianas.

Hacia un futuro basado en blockchain

A pesar de los desafíos, el blockchain promete una revolución en cómo las sociedades operan y se organizan. Esta no es simplemente una evolución de la tecnología existente, sino una reimaginación de sistemas fundamentales que han existido durante siglos.

A medida que avanzamos, es crucial no perder de vista el potencial del blockchain para empoderar al individuo, democratizar sistemas y crear un mundo más transparente y equitativo. Estamos solo en el comienzo de esta transformación, y el camino que sigue promete ser tan disruptivo como emocionante.

2.3 Desafíos regulatorios y legales de las criptomonedas

Las criptomonedas han revolucionado no solo los sistemas financieros, sino también la forma en que las naciones y entidades reguladoras abordan las nuevas tecnologías. Su crecimiento meteórico ha llevado a las autoridades a enfrentar un panorama desconocido y en constante cambio, lo que ha generado tanto oportunidades como desafíos en el ámbito regulatorio y legal.

Historia breve de la regulación de las criptomonedas

El surgimiento de Bitcoin en 2009 como una moneda descentralizada planteó, desde el principio, un desafío para las entidades reguladoras. A diferencia de las monedas tradicionales, las criptomonedas no están respaldadas por un ente central o gobierno. Esta naturaleza disruptiva llevó a las naciones a adoptar enfoques variados: desde la adopción temprana y la regulación hasta la prohibición total.

Diversidad de respuestas regulatorias

A medida que las criptomonedas ganaban tracción, los gobiernos comenzaron a tomar nota. La respuesta regulatoria ha sido variada:

- **Adopción**: *Países como Japón han legitimado las criptomonedas, permitiendo su uso en transacciones diarias y estableciendo regulaciones claras para su operación.*
- **Restricción**: *Algunas naciones han adoptado un enfoque cauteloso, imponiendo restricciones a las operaciones con criptomonedas y exigiendo registros y licencias.*

- **Prohibición**: *Países como China han tomado medidas más drásticas, prohibiendo las operaciones con criptomonedas y cerrando plataformas de intercambio.*

Retos de la regulación transfronteriza

Uno de los principales desafíos de regular las criptomonedas es su naturaleza global. A menudo, las transacciones con criptomonedas cruzan fronteras nacionales, lo que hace difícil para un solo país imponer controles efectivos. La falta de un marco regulatorio unificado internacionalmente puede llevar a lagunas legales y a la explotación de sistemas menos rigurosos.

Consideraciones legales y riesgos asociados

El anonimato y la descentralización de las criptomonedas también plantean desafíos legales. La dificultad de rastrear transacciones puede facilitar actividades ilícitas, como el lavado de dinero o la financiación del terrorismo. A su vez, la falta de un respaldo central lleva a disputas sobre la verdadera "propiedad" de los activos digitales y plantea preguntas sobre la jurisdicción en caso de litigios.

Las ICOs y su laberinto regulatorio

Las Ofertas Iniciales de Monedas (ICOs, por sus siglas en inglés) surgieron como una forma innovadora de financiamiento para proyectos basados en blockchain. Sin embargo, las ICOs también han enfrentado escrutinio regulatorio. Algunas han sido calificadas como ofertas de valores y, por lo tanto, sujetas a regulaciones estrictas, mientras que otras operan en un limbo legal.

Hacia un marco regulatorio equilibrado

El reto para los reguladores es encontrar un equilibrio entre proteger a los inversores y consumidores, y permitir la innovación.

Es esencial un marco que reconozca las peculiaridades de las criptomonedas, pero que también aborde los riesgos asociados.

El debate en torno a la regulación de las criptomonedas es dinámico y evoluciona con el mismo ritmo que la tecnología subyacente. A medida que avanzamos en la era digital, es esencial una colaboración global para diseñar un marco regulatorio que promueva la transparencia, la innovación y la seguridad en el ecosistema criptográfico.

2.4 Estrategias para la economía digital

La economía digital representa un mar de oportunidades y desafíos. A medida que nos adentramos en esta nueva era económica, las empresas, individuos y gobiernos deben desarrollar estrategias robustas para capitalizar las ventajas y mitigar los riesgos asociados con la digitalización. Abordaremos las diversas facetas de estas estrategias y cómo pueden ser aplicadas en diferentes ámbitos.

1. Adaptación empresarial a la era digital

La transformación digital no es solo una opción, es una necesidad. Las empresas que no evolucionen corren el riesgo de quedarse atrás.

- **Modernización tecnológica**: *Las empresas deben invertir en infraestructura digital, como servidores cloud, herramientas de análisis de datos y sistemas de gestión avanzados. La capacidad para procesar y analizar grandes volúmenes de datos puede ser una ventaja competitiva significativa.*
- **Formación y capacitación**: *Es fundamental invertir en la formación de los empleados en nuevas herramientas y*

tecnologías. *A medida que la tecnología avanza, las habilidades requeridas también cambian.*

- **Modelos de negocio disruptivos**: *Las empresas deben estar dispuestas a adaptar o incluso reinventar sus modelos de negocio. Ejemplos de esto incluyen la economía compartida y los modelos de suscripción.*

2. Estrategias individuales en la economía digital

Los individuos también deben adaptarse a la era digital, no solo en su vida profesional, sino también en su vida diaria.

- **Educación continua**: *El aprendizaje no termina con un diploma o grado. La educación continua, ya sea formal o autodidacta, es esencial para mantenerse relevante en el mercado laboral.*
- **Gestión de la privacidad digital**: *En un mundo donde cada clic puede ser rastreado, es vital ser consciente de nuestra huella digital. La gestión adecuada de la privacidad y la seguridad en línea no es solo prudente, es esencial.*
- **Inversión en activos digitales**: *A medida que las criptomonedas y otros activos digitales se vuelven más mainstream, las personas deben educarse y considerar la posibilidad de incluir estos activos en sus carteras.*

3. Estrategias gubernamentales y políticas públicas

Los gobiernos tienen un papel fundamental en la configuración del panorama digital, garantizando que la transformación sea beneficiosa y justa para todos.

- **Infraestructura digital**: *Los gobiernos deben invertir en infraestructura, como redes de banda ancha y centros de datos, para asegurar que todos tengan acceso a las oportunidades digitales.*

- **Regulación y legislación**: *A medida que surgen nuevos desafíos, como cuestiones de privacidad y seguridad, los gobiernos deben adaptar la legislación para proteger a los ciudadanos sin sofocar la innovación.*
- **Inclusión digital**: *Es vital garantizar que todos tengan acceso a las herramientas y oportunidades digitales, independientemente de su situación socioeconómica.*

4. Desafíos éticos y consideraciones en la economía digital

La digitalización también plantea importantes cuestiones éticas.

- **Equidad en la inteligencia artificial**: *A medida que la IA desempeña un papel más importante en la economía digital, es esencial abordar cuestiones de sesgo y equidad.*
- **Derechos digitales**: *En un mundo donde gran parte de nuestra vida se vive en línea, ¿qué derechos tenemos sobre nuestra información, nuestra identidad digital y nuestra privacidad?*
- **Sostenibilidad digital**: *La infraestructura digital, aunque invisible para muchos, tiene un impacto ambiental. Considerar cómo construimos una economía digital sostenible es esencial.*

Para navegar con éxito por la economía digital, es esencial adoptar una mentalidad de aprendizaje continuo, adaptabilidad y colaboración. Estos tres pilares actúan como brújulas, guiando a las entidades a través del laberinto intrincado y en constante cambio de la era digital.

Aprendizaje Continuo: *El ritmo vertiginoso de cambio en la tecnología y en las tendencias del mercado exige una dedicación constante al aprendizaje. Para las empresas, esto significa mantenerse informadas sobre las últimas innovaciones, integrar constantemente nuevas herramientas y técnicas y alentar a sus* empleados a adquirir y actualizar habilidades. Por otro lado, para los individuos, el aprendizaje continuo se traduce en la capacidad de mantenerse relevante y adaptable en el mercado laboral, ampliando su espectro de habilidades y entendiendo las tendencias emergentes.

Adaptabilidad: En una era donde el cambio es la única constante, la capacidad de adaptarse rápidamente a nuevos escenarios es invaluable. Las empresas que son ágiles y flexibles en sus operaciones pueden pivotar con éxito en respuesta a las disrupciones del mercado. Para los individuos, la adaptabilidad puede manifestarse en la capacidad de cambiar de carrera, aprender nuevas habilidades rápidamente o abordar problemas desde múltiples perspectivas.

Colaboración: En el vasto e interconectado ecosistema digital, la colaboración emerge como un elemento vital. Las empresas ya no pueden operar en silos; necesitan colaborar con socios, competidores, e incluso con industrias enteramente diferentes para innovar y ofrecer valor. Los individuos, al colaborar, pueden acceder a oportunidades y conocimientos que de otra manera estarían fuera de su alcance. La era digital ha desdibujado las líneas entre sectores y profesiones, haciendo que la colaboración interdisciplinaria sea más crucial que nunca.

La visión y estrategia juegan un papel crucial en este escenario. Las empresas necesitan una visión clara de dónde quieren estar en la economía digital y una estrategia robusta para llegar allí. Esta visión debe ser lo suficientemente flexible para adaptarse a los cambios, pero lo suficientemente firme para proporcionar dirección y propósito.

Los individuos también deben trazar un camino claro para su desarrollo personal y profesional. Esto podría involucrar la identificación de áreas de interés dentro de la economía digital, establecer metas para adquirir habilidades específicas o incluso cambiar de carrera para alinearse mejor con las oportunidades emergentes.

El mundo digitalizado en el que nos encontramos es tan desafiante como prometedor. Las oportunidades son vastas, pero solo están disponibles para aquellos equipados con el conocimiento, las habilidades y la mentalidad adecuada para aprovecharlas. El aprendizaje continuo, la adaptabilidad y la colaboración no son solo buenos hábitos; son esenciales para el éxito en la economía digital. Al abrazar estos principios y actuar con visión y propósito, tanto las empresas como los individuos pueden asegurar un lugar prominente en el futuro digital.

Capítulo 3

Empresas Visionarias y Disrupción Empresarial

Desde el surgimiento de las primeras civilizaciones, el comercio y el negocio han sido pilares fundamentales en el desarrollo de las sociedades. Han sido testigos de la evolución humana, desde trueques básicos en mercados al aire libre hasta complejas transacciones electrónicas que se ejecutan en milésimas de segundo en plataformas digitales. Pero en esta vasta historia del comercio y la industria, pocas eras han sido testigo de una transformación tan rápida y radical como la que estamos viviendo actualmente. Estamos en medio de una revolución, impulsada no solo por la

tecnología, sino también por la visión y el espíritu audaz de ciertas empresas e individuos.

El término "disrupción" se ha convertido en una palabra de moda en los círculos empresariales modernos. Pero más allá de su popularidad, representa una realidad palpable: el mundo de los negocios está siendo remodelado desde sus cimientos. Y en el corazón de esta remodelación se encuentran empresas que, con su visión y determinación, están desafiando la norma y redefiniendo lo que significa hacer negocios.

Estas organizaciones visionarias no solo buscan el éxito en términos convencionales. Su objetivo es más amplio y ambicioso: buscan cambiar el mundo. Ya sea a través de innovaciones tecnológicas, modelos de negocio revolucionarios o una combinación de ambos, estas empresas están creando olas que se sienten en todos los rincones del ecosistema empresarial.

Por supuesto, con la reinvención vienen tanto oportunidades como desafíos. La velocidad vertiginosa del cambio puede ser desorientadora, y no todas las empresas que intentan innovar lograrán romper moldes. Pero aquellos que lo hacen, aquellos que logran combinar la visión correcta con la ejecución precisa, se colocan no solo para tener éxito en el mercado, sino también para influir en la dirección misma de la historia.

Mientras navegamos por este capítulo, es importante recordar que la disrupción no es simplemente un proceso de destrucción; es una danza entre la eliminación de lo viejo y la creación de lo nuevo. Y en esta interacción, hay innumerables lecciones que aprender, no solo para las empresas emergentes, sino también para las empresas establecidas que buscan reinventarse en una era de cambio constante.

Así, mientras exploramos el paisaje de las empresas visionarias y la disrupción empresarial, lo hacemos con una profunda admiración por la audacia y la innovación, y con una curiosidad insaciable sobre lo que el futuro puede deparar en el fascinante mundo de los negocios.

3.1 Tendencias tecnológicas actuales y su impacto en la reinvención empresarial

La relación simbiótica entre tecnología y negocios no es nueva. Desde la Revolución Industrial hasta la era de la información, la tecnología siempre ha sido una fuerza impulsora detrás de las transformaciones más profundas en el ámbito empresarial. Sin embargo, lo que distingue nuestra época actual es el ritmo vertiginoso de innovación y adaptación. Las tendencias tecnológicas de hoy no solo están redefiniendo cómo operan las empresas, sino también cómo conceptualizamos el valor, la interacción y la entrega en el mercado.

Inteligencia Artificial (IA) y Machine Learning

La IA y el Machine Learning no son simplemente herramientas tecnológicas emergentes; son una reconfiguración fundamental de cómo las empresas procesan y utilizan la información. Donde antes los humanos tomaban decisiones basadas en datos estáticos y análisis retrospectivos, la IA permite que las empresas predigan tendencias, personalicen ofertas y optimicen operaciones en tiempo real. Esta capacidad predictiva y proactiva redefine la eficiencia y la personalización en todos los sectores, desde la salud hasta la banca y el comercio minorista.

IoT (Internet de las Cosas)

La capacidad de conectar dispositivos cotidianos a redes globales tiene profundas implicaciones para las empresas. A través del IoT, las empresas pueden obtener datos en tiempo real desde cualquier punto de su cadena de suministro o base de clientes, permitiéndoles responder de manera más ágil a las demandas del mercado. Además, la interconexión de dispositivos facilita la creación de ecosistemas integrados, donde productos y servicios se complementan y amplifican mutuamente.

Realidad Virtual (RV) y Realidad Aumentada (RA)

Más allá del entretenimiento y los videojuegos, la RV y la RA están comenzando a influir en cómo las empresas interactúan con sus clientes y empleados. Desde recorridos virtuales de propiedades inmobiliarias hasta capacitación avanzada para empleados en entornos simulados, estas tecnologías ofrecen maneras más inmersivas y efectivas de comunicar y capacitar.

Blockchain

Quizás una de las innovaciones más discutidas de la última década, el blockchain tiene el potencial de reconfigurar las transacciones y la confianza en el mundo empresarial. Al eliminar la necesidad de intermediarios y proporcionar transparencia total en las transacciones, esta tecnología podría revolucionar todo, desde la banca y las finanzas hasta la gestión de la cadena de suministro y los derechos de propiedad intelectual.

Computación cuántica

Aunque todavía en sus primeras etapas, la computación cuántica promete llevar el procesamiento de datos a un nivel completamente nuevo. Si se realiza a escala, podría resolver problemas y analizar conjuntos de datos que actualmente son inabordables para las computadoras convencionales. Esto podría tener enormes repercusiones en campos como la investigación farmacéutica, la optimización logística y la simulación financiera.

5G y conectividad avanzada

La quinta generación de tecnologías de red no solo promete velocidades de conexión más rápidas, sino también una conectividad más confiable y una latencia reducida. Esto puede no parecer revolucionario a primera vista, pero en un mundo donde milisegundos pueden significar millones en transacciones financieras o donde los vehículos autónomos requieren respuestas instantáneas, 5G puede ser un verdadero cambio de juego.

El impacto acumulativo de estas tendencias tecnológicas en la reinvención empresarial es profundo. No solo están alterando la manera en que las empresas operan internamente, sino que también están reconfigurando el paisaje competitivo. Las barreras tradicionales de entrada están siendo erosionadas o rediseñadas, y la definición misma de lo que constituye una "empresa" está en juego.

En este entorno en constante evolución, la capacidad de adaptarse y adoptar nuevas tecnologías ya no es solo una ventaja competitiva, sino una necesidad para la supervivencia. Las empresas que reconozcan y se alineen con estas tendencias no solo prosperarán en la economía emergente, sino que también ayudarán a darle forma. Aquellas que se resistan o se demoren en adaptarse podrían encontrarse luchando por mantenerse relevantes en un mundo que avanza rápidamente sin ellas.

3.2 Evaluación de empresas líderes en innovación

En el paisaje empresarial contemporáneo, donde la innovación es la clave para mantener la relevancia, hay empresas que se destacan no sólo por su capacidad para adaptarse, sino por su visión para redefinir el camino que siguen industrias enteras. Estas compañías han dejado huellas indelebles, y su influencia se extiende más allá de sus respectivos sectores. Profundicemos en algunas de estas organizaciones y desentrañemos el secreto de su liderazgo innovador.

Amazon: La metamorfosis del comercio y la tecnología

Desde sus humildes comienzos como una librería en línea, Amazon ha surgido como un gigante que desafía la categorización. Mientras que su fundador, Jeff Bezos, soñaba con ser la tienda de todo, pocos podrían haber previsto la magnitud de esa visión. Más allá de reinventar el comercio minorista, Amazon ha diversificado sus ofertas a un ritmo vertiginoso. AWS (Amazon Web Services) es un claro testimonio de cómo una empresa puede reutilizar sus capacidades internas y ofrecer soluciones líderes en la industria, convirtiendo el espacio de la nube en una de sus principales fuentes de ingresos.

Tesla: No solo un coche, sino una revolución en movimiento

Tesla, bajo el liderazgo carismático de Elon Musk, no ha introducido simplemente coches eléctricos; ha cambiado la narrativa misma en torno a la movilidad sostenible. Además de producir vehículos que son un tour de force en diseño y eficiencia, Tesla ha redefinido la infraestructura de energía con soluciones como sus tejas solares y baterías domésticas. Estas iniciativas son pasos audaces hacia un ecosistema de energía más verde y autónomo.

Alphabet (Google): Un universo de innovaciones bajo un techo

El viaje de Google desde ser un motor de búsqueda a convertirse en una potencia multifacética bajo Alphabet es una historia de innovación constante. Sus iniciativas, como Waymo en el espacio de conducción autónoma y DeepMind en inteligencia artificial, demuestran un apetito insaciable por abordar y resolver problemas complejos. Además, Google X, su laboratorio de investigación futurista, es un crisol de ideas audaces, trabajando en desafíos que van desde proporcionar internet a áreas remotas hasta revolucionar la atención sanitaria.

Microsoft: El Phoenix tecnológico

Durante muchos años, Microsoft fue predominantemente vista como la empresa detrás de Windows y Office. Sin embargo, bajo el liderazgo rejuvenecedor de Satya Nadella, ha surgido como una entidad que está tan enfocada en la nube y la inteligencia artificial como en el software. Azure, su servicio en la nube, compite en la vanguardia, y sus incursiones en el aprendizaje automático y la realidad mixta demuestran un compromiso con el futuro de la tecnología.

ByteDance: El titán detrás de las tendencias

Si bien TikTok ha sido la joya de la corona de ByteDance en términos de reconocimiento global, la empresa tiene una gama de productos que están redefiniendo la interacción digital, especialmente en mercados asiáticos. Su compromiso con la inteligencia artificial y el aprendizaje automático es evidente en cómo personalizan y curan experiencias para sus usuarios, ofreciendo contenido altamente personalizado en tiempo real.

Claves de su éxito innovador

Si bien estas empresas son distintas en su oferta y enfoque, comparten ciertos denominadores comunes:

- **Una visión audaz:** *No se trata sólo de resolver problemas, sino de reimaginar posibilidades.*
- **Adaptabilidad sin miedo:** *Estas empresas se mueven con agilidad, a menudo pivotando de maneras que sorprenden al mercado.*

- **Inversiones estratégicas:** *Ya sea adquiriendo startups prometedoras o invirtiendo en investigación y desarrollo, demuestran un compromiso financiero con la innovación.*
- **Cultura centrada en la innovación:** *Promueven un ambiente donde los errores son vistos como oportunidades de aprendizaje y el status quo es continuamente desafiado.*

La lección más grande que ofrecen es que la innovación no es un destino, sino un viaje. Estas empresas no descansan en sus logros; en cambio, continúan buscando la próxima gran idea o solución. En un mundo empresarial en constante evolución, es este impulso incansable hacia el futuro lo que distingue a los verdaderos líderes de la innovación.

3.3 Estudios de casos de éxito en la transformación digital

La transformación digital ha dejado de ser un término de moda para convertirse en una necesidad operativa y estratégica en el siglo XXI. A través de distintos sectores y geografías, diversas empresas han abrazado la digitalización no sólo para sobrevivir sino para prosperar, reinventándose en el proceso. Aquí examinaremos tres estudios de caso que encapsulan este viaje, cada uno con sus propias lecciones y perspectivas.

1. Banco Santander: Digitalización en el sector financiero

Historia: *Con raíces que se remontan a 1857, Banco Santander es una de las instituciones financieras más establecidas de Europa. Sin embargo, en lugar de aferrarse a los métodos tradicionales, el banco ha asumido la transformación digital como una parte integral de su estrategia.*

Acciones clave:

- **Lanzamiento de Openbank:** *Santander transformó a Openbank en su banco completamente digital. Esto no sólo significó operaciones bancarias en línea, sino que todo, desde la contratación hasta la gestión de productos, se digitalizó.*
- **Inversiones en fintech:** *A través de su brazo de inversión, InnoVentures, Santander ha invertido en más de 20 startups fintech, desde plataformas de préstamos peer-to-peer hasta tecnologías blockchain.*
- **Centros de innovación:** *Establecimiento de espacios de trabajo dedicados para fomentar la innovación y acelerar el desarrollo de soluciones digitales.*

Resultado: *Estas acciones han llevado a un aumento significativo en las operaciones bancarias digitales, una reducción de los costos operativos y un robusto ecosistema de soluciones financieras.*

2. General Electric (GE): Reimaginando la manufactura

Historia: *Fundada en 1892, GE es un conglomerado que ha tenido sus manos en todo, desde electrodomésticos hasta aviones. Sin embargo, la digitalización de su sector de manufactura es particularmente notable.*

Acciones clave:

- **Predix:** *GE lanzó su propia plataforma de software, Predix, diseñada para conectar máquinas, datos y personas. Esta plataforma de la Internet Industrial permite a las máquinas comunicarse entre sí, predecir fallos y mejorar la eficiencia.*
- **Centros de excelencia digital:** *GE ha establecido varios de estos centros en todo el mundo, enfocados en desarrollar soluciones de IoT industrial y en capacitar a sus empleados en habilidades digitales.*
- **Colaboraciones:** *A través de asociaciones con empresas como Apple y Microsoft, GE ha buscado ampliar su alcance*

> *digital y aprovechar las capacidades de estas gigantes tecnológicas.*

Resultado: *A través de estas iniciativas, GE ha logrado mejorar la eficiencia operativa, reducir los tiempos de inactividad de las máquinas y abrir nuevas vías de ingresos.*

3. LEGO: Reviviendo un ícono a través de la digitalización

Historia: *Aunque los ladrillos de plástico interconectados son reconocidos en todo el mundo, LEGO enfrentó problemas a principios de la década de 2000. La competencia y un enfoque difuso amenazaban su existencia.*

Acciones clave:

- **Integración de tecnología:** *LEGO fusionó la construcción física con la experiencia digital. Productos como LEGO Boost y LEGO Dimensions permiten a los niños interactuar con sus creaciones en plataformas digitales.*
- **Aplicaciones y juegos:** *La empresa lanzó videojuegos, aplicaciones y películas, convirtiendo a LEGO en una marca multimedia.*
- **Compromiso con la comunidad:** *A través de su plataforma LEGO Ideas, los fanáticos pueden enviar diseños, votar por ellos y, si son seleccionados, ver su creación convertirse en un producto real.*

Resultado: *LEGO no sólo revivió su marca, sino que también alcanzó una base de consumidores más amplia y diversa, asegurando su relevancia en la era digital.*

La transformación digital no se trata simplemente de adoptar tecnologías emergentes. Es un proceso end-to-end que implica reevaluar y, en muchos casos, alterar modelos de negocio, operaciones y estrategias de interacción con el cliente. Estos estudios de caso demuestran que, con una visión clara y una ejecución decidida, las empresas pueden navegar con éxito por las aguas, a veces turbulentas, de la digitalización. En última instancia, la transformación digital es un viaje, no un destino, y las empresas más exitosas son aquellas que adoptan este viaje con una mentalidad de aprendizaje y adaptabilidad constantes.

3.4 Riesgos y beneficios en el ecosistema empresarial en evolución

La metamorfosis digital en el ecosistema empresarial ha desencadenado una ola de oportunidades sin precedentes. Las organizaciones que han optado por adaptarse y adoptar esta nueva era de negocios han experimentado beneficios tangibles, desde eficiencias operativas mejoradas hasta una expansión global acelerada. Sin embargo, como ocurre con cualquier cambio significativo, este proceso también conlleva sus propios desafíos y riesgos. Analicemos a fondo los beneficios y desafíos que emergen en este paisaje en constante evolución.

Beneficios del Ecosistema Empresarial en Evolución

Eficiencia Operativa Mejorada:

- La adopción de herramientas y plataformas digitales ha permitido a las empresas automatizar muchos de sus procesos rutinarios. Esto ha llevado a una disminución en los errores humanos, a la optimización de los recursos y a la aceleración de la producción y entrega.

Expansión Geográfica:

- El alcance digital trasciende las fronteras físicas. Empresas, independientemente de su tamaño, pueden acceder ahora a mercados globalmente dispersos, eliminando barreras geográficas tradicionales.

Toma de Decisiones Basada en Datos:

- *Con el auge del Big Data, las organizaciones tienen a su disposición un mar de información. Esta data, cuando se analiza y se interpreta adecuadamente, proporciona insights valiosos que pueden guiar decisiones estratégicas.*

Mejora en la Experiencia del Cliente:

- *La digitalización ha permitido una personalización a nivel individual. Las empresas pueden ahora entender y predecir las necesidades del cliente, ofreciendo soluciones y experiencias personalizadas.*

Flexibilidad y Adaptabilidad:

- *Con infraestructuras basadas en la nube y soluciones SaaS, las empresas pueden adaptarse rápidamente a los cambios en el mercado y escalar según las demandas.*

Riesgos en el Ecosistema Empresarial en Evolución

Ciberseguridad:

- *Con la creciente digitalización, las amenazas cibernéticas se han vuelto más frecuentes y sofisticadas. Los ciberataques pueden comprometer la integridad de los datos, afectar la confianza del cliente y resultar en pérdidas financieras significativas.*

Dependencia de la Tecnología:

- *Un fallo en los sistemas tecnológicos, ya sea por un error humano o un fallo técnico, puede paralizar operaciones completas, demostrando cuán vulnerables pueden ser las empresas en un mundo altamente digitalizado.*

Sobrecarga de Información:

- *Aunque el acceso a grandes cantidades de datos puede ser beneficioso, también puede llevar a la parálisis por análisis. Las empresas pueden encontrarse abrumadas al intentar interpretar demasiados datos.*

Cambio Cultural:

- *La transformación digital no sólo se trata de tecnología, sino también de personas. Las organizaciones pueden enfrentar resistencia interna al cambio, ya que los empleados pueden sentirse amenazados o desconectados de las nuevas herramientas y procesos.*

Competencia Intensificada:

- *La facilidad de acceso al mercado digital significa que las empresas, ahora más que nunca, enfrentan una competencia feroz. Startups innovadoras pueden desestabilizar rápidamente a empresas establecidas.*

Navegando entre Beneficios y Riesgos

El equilibrio entre los beneficios tentadores y los riesgos inherentes en un ecosistema empresarial digitalizado requiere una gestión y una estrategia cuidadosas. Las organizaciones exitosas son aquellas que adoptan un enfoque proactivo, no sólo implementando nuevas tecnologías, sino también construyendo una cultura de aprendizaje y adaptabilidad. Es fundamental inculcar un sentido de resiliencia organizativa, donde la innovación es alentada, pero también se tiene un plan de contingencia para los desafíos que puedan surgir.

La evolución del ecosistema empresarial, impulsada por la digitalización, es tanto una bendición como un desafío. Las empresas que miran más allá del brillo de las nuevas tecnologías y entienden profundamente tanto los beneficios como los riesgos asociados, están mejor posicionadas para navegar con éxito por este paisaje complejo. En última instancia, en este viaje de transformación, la visión clara, la adaptabilidad y una comprensión profunda del propio negocio y del entorno en el que opera, serán los verdaderos determinantes del éxito.

Capítulo 4

Modelos de Negocio para la Economía 4.0

Mientras las primeras luces del siglo XXI nos iluminan, nos encontramos en medio de una metamorfosis empresarial profunda y trascendental. Como un río caudaloso, la Economía 4.0 se abre paso, reconfigurando el paisaje corporativo, arrastrando antiguas estructuras y esculpiendo nuevos cauces donde la innovación y la adaptabilidad fluyen con vigor.

El término "Economía 4.0" evoca una era donde la digitalización, la inteligencia artificial y la interconexión global convergen, creando un tejido empresarial donde las fronteras tradicionales se difuminan y las posibilidades se multiplican. Este es un mundo en el que no solo importa lo que haces, sino cómo lo haces, dónde lo haces y, sobre todo, por qué lo haces. Un mundo donde la producción no es solo tangible, sino que se materializa en flujos de información, conexiones y experiencias.

Los gigantes empresariales de antaño, que caminaban con pasos firmes y decididos, ahora observan a su alrededor y perciben la necesidad de bailar al ritmo vertiginoso de esta nueva melodía. La rigidez cede ante la flexibilidad, la jerarquía se aplana para dar paso a la colaboración, y las metas ya no se centran únicamente en la eficiencia, sino en la resonancia con un mundo en constante evolución.

Nos disponemos a explorar este fascinante panorama, donde startups ágiles y corporaciones establecidas reinventan sus estrategias, buscando no solo sobrevivir, sino destacar y liderar en la Economía 4.0. Profundizaremos en cómo estos pioneros del mundo empresarial están redefiniendo lo que significa crear valor y cómo, en esta danza de cambio y adaptación, están estableciendo las bases del futuro del negocio global.

Así, nos adentraremos en el corazón pulsante de la nueva era de los negocios, donde cada decisión, cada estrategia y cada modelo se convierte en una nota en la sinfonía de la transformación empresarial.

4.1 Impacto de la economía colaborativa

La economía colaborativa ha emergido como una fuerza poderosa, cambiando las reglas del juego en innumerables industrias y desafiando nociones preexistentes sobre la propiedad, la producción y el consumo. *Al profundizar en este fenómeno, descubrimos no solo un conjunto de prácticas comerciales, sino una filosofía y un movimiento que se alinea con el zeitgeist del siglo XXI.*

Orígenes y Evolución

Para entender su impacto, primero debemos explorar sus raíces. La economía colaborativa nace de una combinación de tecnologías emergentes, cambios socio-culturales y una reevaluación de lo que significa "poseer". Con la digitalización y la proliferación de plataformas en línea, la capacidad de compartir recursos se amplificó exponencialmente. Ya no se trataba sólo de prestar un libro a un vecino; ahora podías compartir un vehículo con alguien del otro lado de la ciudad, alquilar tu casa a viajeros de otro continente, o colaborar en un proyecto con profesionales dispersos globalmente.

Sectores Transformados

- **Transporte:** *Empresas como Uber y Lyft irrumpieron en la industria del taxi, ofreciendo una alternativa basada en la colaboración entre particulares. Esta transformación no sólo cambió la dinámica del transporte urbano, sino que desafió las regulaciones y estructuras preexistentes, creando debates y reflexiones en las ciudades del mundo.*
- **Hospedaje:** *Airbnb es el ejemplo por excelencia de cómo la economía colaborativa puede transformar una industria. La idea de compartir el espacio de tu hogar con extraños se convirtió en una revolución, ofreciendo experiencias más personalizadas y a menudo más asequibles que los hoteles tradicionales.*
- **Finanzas:** *Plataformas de financiamiento colectivo, como Kickstarter o Indiegogo, permiten a los innovadores buscar apoyo directo de la comunidad. Mientras que las empresas fintech, como TransferWise, abogan por un sistema financiero más abierto y colaborativo.*

- **Educación:** *Plataformas como Coursera o Khan Academy permiten que el conocimiento sea compartido y accesible para todos, desafiando los modelos educativos tradicionales y democratizando el aprendizaje.*

Ventajas de la Economía Colaborativa

- **Eficiencia:** *Aprovechar al máximo los recursos disponibles. Un coche que antes pasaba horas aparcado, ahora puede ser una fuente de ingresos.*
- **Accesibilidad:** *Muchas personas tienen acceso a bienes y servicios que antes les eran inalcanzables, ya sea por motivos económicos o geográficos.*
- **Comunidad:** *Fomenta una mentalidad de apoyo mutuo y fortalece lazos comunitarios.*
- · **Sostenibilidad:** *Al maximizar el uso de recursos y reducir la necesidad de producción en masa, tiene el potencial de ser más amigable con el medio ambiente.*

Desafíos y Consideraciones Críticas

Sin embargo, no todo es color de rosa. La economía colaborativa presenta retos significativos:

- **Regulación:** *Muchas de estas empresas operan en zonas grises legales, lo que puede resultar en conflictos con regulaciones y leyes preexistentes.*
- **Calidad y seguridad:** *Sin las estructuras tradicionales de control, puede haber variabilidad en la calidad y preocupaciones de seguridad.*
- **Impacto en empleo:** *Las dinámicas laborales cambian, lo que puede resultar en discusiones sobre los derechos de los trabajadores y la naturaleza del empleo en la era digital.*
- **Equidad:** *Mientras que muchos tienen acceso a estos servicios, también se puede argumentar que profundiza la*

brecha entre aquellos que pueden participar en estas plataformas y los que no.

Hacia el Futuro

La economía colaborativa seguirá evolucionando, adaptándose a nuevos desafíos y explorando oportunidades. Lo que es indiscutible es que ha dejado una marca indeleble en el tejido de nuestro mundo socioeconómico.

La colaboración ya no es solo una acción, sino una mentalidad. En la Economía 4.0, donde la adaptabilidad, la innovación y la conexión son esenciales, la economía colaborativa no es simplemente una tendencia pasajera, sino una pieza fundamental del rompecabezas. A medida que avanzamos, será crucial considerar cómo podemos integrar lo mejor de este modelo, atendiendo sus desafíos y amplificando sus beneficios para crear un futuro más inclusivo, resiliente y próspero para todos.

4.2 Empresas con Modelos Disruptivos

El mundo empresarial se encuentra en una constante evolución, donde cada década ha sido testigo de la aparición de empresas que, con sus modelos de negocio vanguardistas, han trastocado y redefinido industrias enteras. Estas empresas, conocidas como disruptivas, son el resultado de visionarios que se atrevieron a pensar diferente, identificando oportunidades donde otros solo veían obstáculos. Vamos a explorar algunas de las compañías que han dejado una marca indeleble en la era contemporánea por su enfoque disruptivo.

Spotify: Cambiando el Paradigma de la Música

Antes de la aparición de Spotify, la industria musical estaba en declive debido a la piratería y las ventas físicas menguantes. Sin embargo, Spotify introdujo un modelo de negocio basado en streaming que no solo benefició a los consumidores, ofreciendo acceso a vastos catálogos musicales, sino también a artistas y sellos discográficos. La personalización de playlists y la inteligencia artificial para recomendar música convirtió a Spotify en un titán del entretenimiento sonoro, redefiniendo cómo consumimos música en el siglo XXI.

Amazon: De Librería Online a Gigante del E-commerce

Comenzó como una modesta librería en línea y rápidamente se transformó en el principal player del e-commerce mundial. Amazon, bajo el liderazgo de Jeff Bezos, ha demostrado una habilidad sin paralelo para adaptarse y expandirse a distintos mercados. Ya sea mediante su sistema Prime, la adquisición de Whole Foods, o su incursión en la producción de contenido original con Amazon Studios, esta compañía ha reinventado la experiencia de compra en línea y ha establecido nuevos estándares en logística y servicio al cliente.

Netflix: La Revolución del Entretenimiento a Pedido

Antes de que Netflix llegara a la escena, el concepto de "binge-watching" era prácticamente inexistente. Lo que comenzó como un servicio de alquiler de DVD por correo transformó la industria del entretenimiento al migrar al streaming. Con una estrategia audaz de inversión en contenido original, Netflix no solo se ha consolidado como una potencia en el entretenimiento, sino que ha alterado la forma en que productoras y audiencias perciben y consumen series y películas.

Airbnb: El Giro en la Hospitalidad

Airbnb nació de una idea simple pero poderosa: permitir que las personas alquilen espacios en sus propias casas. Al conectar a viajeros con anfitriones, no solo brindó una alternativa más personal y auténtica a los hoteles tradicionales, sino que también desafió regulaciones y paradigmas en el sector del turismo. Más que un servicio, Airbnb ha fomentado una comunidad global, con experiencias que van más allá de simplemente encontrar un lugar para dormir.

Rappi: El Poder del Servicio a Domicilio On-Demand

Rappi, con su origen en Colombia, visualizó un nicho que muchas empresas tradicionales habían pasado por alto: la demanda de entregas instantáneas. Ya sea comida, medicamentos, o incluso efectivo, Rappi se ha convertido en el aliado de aquellos que buscan eficiencia en su día a día. Su rápido crecimiento y expansión a otros países de Latinoamérica son testimonio de la eficacia de un modelo basado en la economía gig y la tecnología.

Zoom: La Era de las Conexiones Digitales

Antes de la pandemia, Zoom era otra herramienta en el vasto mercado de las videoconferencias. Pero su diseño intuitivo y su capacidad para conectar a grandes grupos de personas de manera efectiva la catapultaron al estrellato durante los meses de confinamiento. En un mundo que se volcó hacia lo virtual, Zoom se erigió como la plataforma preferida para trabajar, aprender y socializar.

Estas empresas, con sus singulares trayectorias, son ejemplos elocuentes de lo que significa ser disruptivo en la era moderna. Han identificado oportunidades, desafiado normas establecidas y, en el proceso, han reconfigurado paisajes enteros de la industria. Lejos de ser eventos aislados, estas historias nos muestran que la disrupción es un proceso constante de reinvención y adaptación en un mundo en constante cambio.

4.3 Sostenibilidad de los Nuevos Modelos de Negocio

En el trepidante mundo de los negocios contemporáneos, nos encontramos con una avalancha de innovaciones y nuevos modelos de negocio que buscan posicionarse como líderes en sus respectivos mercados. Sin embargo, no basta con ser novedoso o disruptivo; es imperativo ser sostenible. La sostenibilidad en este contexto trasciende el mero cuidado ambiental, englobando también la capacidad de mantenerse rentable y socialmente responsable en el tiempo.

Adaptabilidad frente a Cambios del Mercado

La rapidez con la que el mercado cambia es vertiginosa. Hoy más que nunca, la capacidad de adaptarse es la llave maestra para sobrevivir y prosperar. Las organizaciones resilientes son aquellas que pueden anticiparse, adaptarse y evolucionar ante nuevos desafíos. Tomemos, por ejemplo, la adaptación tecnológica durante la reciente pandemia de COVID-19. Las empresas que pudieron migrar a operaciones digitales o adaptar sus modelos de negocio al entorno virtual no solo sobrevivieron, sino que a menudo prosperaron, mientras que aquellas que se resistieron o tardaron en hacer la transición enfrentaron graves dificultades. Esta adaptabilidad va más allá de la tecnología; implica estar en sintonía con las preferencias cambiantes de los consumidores, los marcos regulatorios y las dinámicas globales.

La Ética en la Era Digital

En el entramado digital que es nuestro presente, la ética empresarial se ha vuelto más crucial que nunca. Las decisiones tomadas sin una consideración ética profunda pueden tener consecuencias desastrosas, desde rechazos masivos por parte de los consumidores hasta sanciones legales. Consideremos el delicado terreno de la privacidad de datos. En una era donde la información es oro, las empresas tienen la responsabilidad no solo de proteger los datos de sus usuarios, sino también de ser transparentes sobre cómo se utilizan. Esta transparencia y responsabilidad, lejos de ser una carga, puede convertirse en un distintivo de calidad y confianza ante los ojos de los consumidores.

Economía Circular y Modelos Regenerativos

No podemos hablar de sostenibilidad sin mencionar la creciente importancia de la economía circular y los modelos de negocio regenerativos. En contraposición a la tradicional economía lineal de "extraer, producir, desechar", la economía circular se centra en el ciclo de vida completo del producto, buscando formas de reutilizar, reciclar y reducir al máximo los residuos. Las empresas que están adoptando este enfoque no solo están beneficiando al planeta, sino que también están encontrando oportunidades económicas en la reutilización de materiales y en la creación de productos y servicios más duraderos. Es un claro ejemplo de cómo la innovación y la sostenibilidad pueden ir de la mano.

Integración Comunitaria

Hoy, gracias a la digitalización y la globalización, las voces locales tienen un alcance global. Las empresas no pueden darse el lujo de operar en un vacío; deben ser conscientes de su impacto en las comunidades locales y globales. No es suficiente producir y vender; las empresas deben demostrar cómo están enriqueciendo las vidas de las personas en las comunidades donde operan. Esto implica no solo generar empleo, sino también respetar las culturas locales, fomentar la educación y contribuir al bienestar general de la comunidad.

Los desafíos asociados con la implementación y mantenimiento de nuevos modelos de negocio son vastos. La obsolescencia, la competencia feroz y los riesgos asociados con la dependencia tecnológica, como los ciberataques, son solo algunos de los obstáculos. Sin embargo, con una visión clara, una estrategia bien definida y un enfoque en la sostenibilidad, las empresas pueden navegar con éxito por estas aguas turbulentas y garantizar un impacto positivo duradero tanto para ellas como para la sociedad en su conjunto.

4.4 Identificación de Empresas Revolucionarias

En la compleja danza de la innovación y el progreso, algunas empresas emergen como líderes, no solo por su éxito financiero, sino también por su capacidad para revolucionar industrias, modificar comportamientos y establecer nuevos estándares. Identificar estas empresas revolucionarias no es simplemente una cuestión de observar quién está al frente en términos de ingresos o cuota de mercado; es más profundo y multifacético que eso. Estas organizaciones son catalizadoras de cambio, impulsoras de tendencias y maestras en adaptabilidad.

Innovación Sostenida

Las empresas verdaderamente revolucionarias no se conforman con una sola innovación. En lugar de descansar en sus laureles después de un gran avance, estas organizaciones buscan constantemente la próxima gran idea, manteniendo un ritmo sostenido de innovación. Por ejemplo, consideremos a Amazon. Empezó como una librería en línea, pero con el tiempo, no solo dominó el comercio electrónico, sino que también incursionó en la nube con AWS, creó dispositivos electrónicos como Kindle y Echo, y exploró nuevas fronteras con servicios de entrega mediante drones.

Visión Centrada en el Cliente

Más allá de los productos y servicios, las empresas revolucionarias están obsesionadas con sus clientes. El deseo de comprender, agradar y retener al cliente impulsa cada decisión que toman. Apple es un excelente ejemplo. La meticulosidad con la que diseña sus productos no solo tiene en cuenta la funcionalidad, sino también la experiencia del usuario. Esta dedicación a la experiencia del cliente ha generado un seguimiento casi fanático entre sus usuarios.

Adaptabilidad y Escalabilidad

La capacidad de adaptarse a cambios y escalar operaciones es otro indicador clave de una empresa revolucionaria. Estas empresas pueden pivotar cuando es necesario y escalar rápidamente para capitalizar las oportunidades. Un ejemplo notable es Spotify. Lo que comenzó como una respuesta al problema de la piratería musical ha evolucionado para transformar la forma en que consumimos música, adaptándose constantemente a los cambios en la tecnología y el comportamiento del usuario.

Impacto Social y Cultural

Las empresas revolucionarias trascienden la mera transacción comercial y tienen un impacto palpable en la sociedad y la cultura. Tomemos el caso de Beyond Meat. Esta empresa no solo ha innovado en el ámbito de los sustitutos de carne a base de plantas, sino que ha desencadenado una conversación global sobre sostenibilidad, consumo de carne y salud.

Desafíos y Controversias

Es importante señalar que ser revolucionario no siempre significa ser perfecto. Muchas empresas que han cambiado paradigmas también han enfrentado críticas y controversias. Ya sea por cuestiones éticas, prácticas laborales o preocupaciones medioambientales, estas empresas están constantemente bajo escrutinio. *Sin embargo, es precisamente esta presión la que a menudo impulsa la innovación y la automejora.*

Identificar a las empresas revolucionarias es una tarea que va más allá de los números. Es una evaluación de su capacidad para influir, adaptarse y liderar. Estas empresas no solo definen sus respectivas industrias, sino que también esculpen el camino hacia el futuro, desafiando lo que creíamos posible y redefiniendo nuestras expectativas.

Capítulo 5

Estrategias de Diversificación Inteligente en la Inversión 4.0

El paisaje económico y financiero está en medio de una transformación sin precedentes. La Inversión 4.0, que encapsula la confluencia de lo digital, lo físico y lo biológico, ha llevado a los inversores a reconsiderar y recalibrar sus estrategias tradicionales. De la acumulación de activos tangibles y el enfoque en industrias convencionales, nos encontramos ahora en un mundo donde la digitalización, la inteligencia artificial, la robótica y la biotecnología dictan nuevas reglas y ofrecen oportunidades sin paralelo.

Esta aceleración tecnológica, combinada con una economía volátil, coloca a la diversificación en el centro de la estrategia de inversión. La diversificación ya no es simplemente una táctica prudente, sino una herramienta esencial para mitigar riesgos y capitalizar oportunidades en un mercado en constante cambio.

Pero la diversificación en la era de la Inversión 4.0 es más compleja de lo que parece. Exige un entendimiento profundo de las tendencias emergentes, un análisis meticuloso de riesgos y recompensas, y una adaptabilidad ágil a las cambiantes circunstancias del mercado. A lo largo de este recorrido, se abordará cómo la diversificación inteligente es fundamental para forjar el camino del éxito. Se estudiará su relevancia en la economía contemporánea, se desentrañarán las estrategias para gestionar portafolios en un mundo en constante evolución, se explorará la diversidad de clases de activos y se buscará inspiración en las historias de aquellos inversores visionarios que han navegado con destreza por este nuevo paradigma.

5.1 Importancia de la diversificación en la economía actual

La diversificación, una táctica financiera que ha existido desde tiempos inmemoriales, se ha asentado como un pilar fundamental en la economía moderna. A medida que los mercados financieros evolucionan y se tornan más complejos, la necesidad de diversificar las inversiones se ha vuelto aún más esencial.

El entorno económico contemporáneo: Un mosaico de interdependencias

La globalización, impulsada por rápidos avances tecnológicos y políticas comerciales abiertas, ha convertido a la economía mundial en un sistema altamente interconectado. Las decisiones de inversión en una parte del mundo pueden tener repercusiones en regiones remotas. A su vez, eventos geopolíticos, como disputas comerciales o tensiones políticas, pueden generar ondas de choque que afecten a mercados a miles de kilómetros de distancia.

Dentro de este marco, es imperativo comprender que un único sector o clase de activo ya no opera en aislamiento. Todo está interrelacionado. Una inversión que a primera vista parece segura en un país podría estar expuesta a riesgos emergentes en otro continente debido a esta interconexión global.

La diversificación como salvaguarda contra la volatilidad

Desde un punto de vista histórico, la diversificación ha sido valorada principalmente por su capacidad para reducir el riesgo. Al distribuir recursos en una variedad de activos, se disminuye la exposición a la volatilidad inherente en cualquier sector o mercado individual. Esto, en teoría, protege a los inversionistas contra pérdidas significativas.

Pero en el mundo actual, la diversificación no es simplemente una herramienta defensiva. También se ha convertido en una estrategia ofensiva que puede abrir puertas a nuevas oportunidades. Las inversiones en mercados emergentes, tecnologías disruptivas y nuevos modelos de negocio son esenciales para aquellos que buscan superar a los mercados y lograr rendimientos significativos. Estas oportunidades, sin embargo, también vienen acompañadas de riesgos, lo que subraya aún más la necesidad de una diversificación cuidadosa.

El equilibrio entre tradición y modernidad en la inversión

Mientras que los activos tradicionales como el oro, el petróleo y los bienes raíces siguen siendo relevantes, la economía de hoy ha visto la aparición de nuevos activos que desafían las normas tradicionales. Criptomonedas, empresas de tecnología emergente, y mercados en países en desarrollo representan nuevas fronteras para los inversores.

Cada uno de estos nuevos activos trae consigo sus propias dinámicas y riesgos. La volatilidad de las criptomonedas es bien conocida, al igual que los altos rendimientos potenciales que pueden ofrecer. Las startups tecnológicas pueden revolucionar industrias enteras, pero muchas también fracasan. Los mercados emergentes ofrecen vastas oportunidades, pero también están sujetos a riesgos políticos y económicos únicos.

Diversificación en la era de la información

Con la avalancha de información disponible hoy día, los inversores tienen más herramientas que nunca para informar sus decisiones. Sin embargo, esta abundancia también puede ser abrumadora. La diversificación, en este contexto, no se trata solo de distribuir activos, sino también de diversificar las fuentes de información y análisis.

Los análisis algorítmicos, la inteligencia artificial y el big data están redefiniendo cómo se evalúan las oportunidades y riesgos. Sin embargo, a pesar de estas herramientas avanzadas, la esencia de la diversificación sigue siendo la misma: proteger contra lo desconocido, mientras se busca activamente lo desconocido en busca de oportunidades.

La diversificación, en su esencia, representa un equilibrio. Es un acto de equilibrio entre la protección contra los riesgos y la búsqueda de oportunidades. En la economía altamente interconectada y dinámica de hoy, nunca ha sido más esencial. Con tantas variables en juego, la capacidad de distribuir y administrar recursos de manera efectiva y estratégica determinará quiénes prosperarán en esta nueva era económica.

5.2 Gestión de portafolios en un entorno dinámico

Nuestro entorno económico global, caracterizado por su vertiginosidad y evolución constante, ha desafiado la tradicional gestión de portafolios de inversión. La Economía 4.0 ha arrojado luz sobre la imperativa necesidad de adaptabilidad. En este apartado, sumergiremos al lector en una exploración exhaustiva sobre cómo enfrentar y aprovechar la cambiante naturaleza de los mercados actuales en la gestión de portafolios.

El paisaje cambia: de la estabilidad a la dinámica

Históricamente, las estrategias de inversión tendían a centrarse en mercados estables y predecibles. Sin embargo, en las últimas décadas, desde la apertura de mercados en los años 90 hasta las disrupciones tecnológicas del nuevo milenio, los inversores se han enfrentado a una realidad ineludible: el cambio es constante. La globalización, la innovación tecnológica, los cambios geopolíticos y demográficos, y las crisis económicas han conformado un tapiz complejo y volátil, requiriendo de los inversores una habilidad sin precedentes para adaptarse.

Componentes de una gestión de portafolios efectiva en un entorno dinámico

1. Análisis Constante: *Las fuentes tradicionales de información financiera ya no son suficientes. Los gestores ahora emplean sofisticadas herramientas de análisis predictivo, muchas impulsadas por tecnologías como el aprendizaje automático e Inteligencia Artificial. Estas herramientas no solo ofrecen visiones más profundas sino que también anticipan tendencias y riesgos, permitiendo a los inversores estar un paso adelante.*

2. Diversificación Inteligente: *Más allá de simplemente repartir inversiones entre acciones, bonos y bienes raíces, la diversificación ahora abarca geografías, sectores emergentes y hasta activos alternativos como las criptomonedas. En un mundo interconectado, las repercusiones de un evento en un continente* pueden afectar los mercados en otro, haciendo de la diversificación geográfica y sectorial una necesidad más que una opción.

3. Monitorización Activa: *Mientras que las estrategias de inversión pasiva tienen su lugar, especialmente para inversores a largo plazo o aquellos con menor tolerancia al riesgo, la monitorización activa es esencial en la Economía 4.0. Los gestores deben estar al día con las noticias globales, regulaciones emergentes, avances tecnológicos y mucho más.*

4. Rebalanceo Periódico: *A medida que los mercados se mueven, la proporción inicial de activos en un portafolio puede desviarse. Estos desvíos, aunque pequeños inicialmente, pueden magnificarse con el tiempo, presentando riesgos no deseados. El rebalanceo regular garantiza la alineación con los objetivos del inversor.*

5. Adaptabilidad: *Ante todo, la habilidad más valiosa en la gestión de portafolios es la adaptabilidad. Los gestores deben estar dispuestos a aprender, desaprender y reaprender, dejando atrás viejas normas y abrazando nuevas estrategias conforme el mundo cambia a su alrededor.*

Tecnología: aliada indispensable en la gestión moderna

Los avances tecnológicos no solo han impactado el tipo de inversiones disponibles sino también cómo se gestionan. Los sistemas de Big Data permiten a los inversores analizar enormes conjuntos de datos en busca de insights. El blockchain garantiza transacciones más seguras. Las plataformas de trading algorítmico facilitan la ejecución de operaciones a velocidades antes impensables.

Casos de éxito y lecciones aprendidas

Aunque la gestión de portafolios en un entorno dinámico puede parecer abrumadora, muchos inversores han forjado caminos exitosos a seguir. Cada uno de estos líderes, con sus propias estrategias y enfoques, ofrece lecciones valiosas. Algunos han adoptado tecnologías rápidamente, mientras que otros han encontrado nichos específicos en mercados emergentes.

En el paisaje en constante cambio de la Economía 4.0, la gestión de portafolios exige más que nunca una combinación de análisis, diversificación, monitorización y, por encima de todo, adaptabilidad. A medida que el mundo continúa evolucionando a un ritmo acelerado, los inversores y gestores deben permanecer ágiles, aprovechando las oportunidades mientras mitigan los riesgos inherentes en un entorno tan dinámico. La inversión exitosa en este contexto requiere un equilibrio.

5.3 Inversiones en diferentes clases de activos

El acto de invertir ha evolucionado en complejidad y sofisticación con el paso del tiempo. En la actualidad, la variedad de activos disponibles para el inversor medio es impresionante, brindando una gran cantidad de oportunidades, pero también desafíos en términos de selección y gestión. Veamos en detalle cinco de las principales clases de activos, sumergiéndonos en sus características, historia, relevancia contemporánea y particularidades.

1. Acciones (Equity)

Definición y Características: *Las acciones son instrumentos financieros que representan la propiedad fraccionada en una empresa. Al comprar una acción, esencialmente estás adquiriendo una parte de esa entidad, ganando el derecho a una fracción de sus activos y ganancias.*

Historia Profunda: *La idea de compartir la propiedad de una empresa tiene sus raíces en la Roma antigua, pero fue con la formación de la Compañía de las Indias Orientales en el siglo XVII* que la noción de "acción" y "bolsa de valores" realmente tomó forma. Este modelo permitió a las empresas recaudar capital de una amplia base de inversores, distribuyendo el riesgo asociado con sus aventuras comerciales.

Actualidad en Detalle: *Empresas como Apple, Alphabet (anteriormente Google), y Amazon han transformado la economía global y, por ende, el panorama de inversión. Considera, por ejemplo, la evolución de Apple: desde su oferta pública inicial en 1980 hasta convertirse en la primera empresa en alcanzar una capitalización de mercado de 2 billones de dólares en 2020. Estudiar su trayectoria proporciona una cápsula del tiempo de la innovación tecnológica y el poder del capitalismo de accionistas.*

Ventajas y Retos: *Las acciones ofrecen el potencial de altos rendimientos, especialmente si se invierte en empresas en crecimiento. Además, proporcionan liquidez, ya que generalmente pueden venderse con facilidad en bolsas de valores. Sin embargo, también son notoriamente volátiles, sujetas a los caprichos del mercado y a las noticias globales.*

2. Bonos

Definición y Características: *Los bonos son deudas que las entidades emiten para recaudar capital. A cambio del capital prestado, el emisor promete pagar un interés y devolver el principal al vencimiento.*

Historia Profunda: *Los bonos tienen una historia tan antigua como las naciones. De hecho, se utilizaron para financiar proyectos faraónicos en el antiguo Egipto. Durante el Renacimiento, las ciudades-estado italianas emitieron bonos para financiar proyectos de infraestructura y guerras.*

Actualidad en Detalle: *El mercado de bonos es vasto y diverso. Desde bonos gubernamentales como los del Tesoro de EE.UU., que* son considerados entre las inversiones más seguras del mundo, hasta bonos corporativos de gigantes como Tesla o Verizon, que ofrecen mayores rendimientos a cambio de más riesgo.

Ventajas y Retos: *Ofrecen un flujo de ingresos más predecible que las acciones. Sin embargo, en entornos de tasas de interés crecientes, los precios de los bonos pueden caer. También existe el riesgo de impago, especialmente en bonos corporativos o municipales de emisores con problemas financieros.*

3. Bienes raíces

Definición y Características: *Esta clase se refiere a la inversión en propiedades tangibles, ya sean residenciales, comerciales o tierras. A diferencia de las acciones o bonos, los bienes raíces son activos "reales".*

Historia Profunda: *Las inversiones en tierra y propiedades se consideran algunas de las más antiguas del mundo. Desde las civilizaciones antiguas como Mesopotamia, donde la propiedad de la tierra era sinónimo de poder, hasta el boom inmobiliario en ciudades globales del siglo XXI.*

Actualidad en Detalle: *Las oportunidades en bienes raíces son vastas: desde comprar propiedades para alquilar en ciudades en crecimiento, hasta invertir en fideicomisos de inversión inmobiliaria (REITs) que se centran en sectores específicos como hospitales o centros comerciales.*

Ventajas y Retos: *Los bienes raíces pueden proporcionar ingresos de alquiler estables y potencial de apreciación a largo plazo. Sin embargo, requieren una gestión activa, tienen costos asociados y pueden ser menos líquidos que otras inversiones.*

4. Materias primas

Definición y Características: *Las materias primas son bienes básicos intercambiables que se utilizan en la producción de bienes y servicios, desde metales como el oro y la plata hasta productos agrícolas como el trigo y el café.*

Historia Profunda: *La historia humana está intrincadamente ligada al comercio de materias primas. Las rutas comerciales, como la Ruta de la Seda, no solo transportaban productos de lujo sino también materias primas básicas.*

Actualidad en Detalle: *Hoy en día, el comercio de materias primas es un negocio global que emplea a millones y mueve billones de dólares. El petróleo, por ejemplo, es una materia prima que literalmente alimenta gran parte de la economía global.*

Ventajas y Retos: *Invertir en materias primas puede ser una buena forma de diversificar y protegerse contra la inflación. Sin embargo, es un mercado volátil y afectado por factores como el clima, la política y las tendencias económicas globales.*

5. Criptomonedas

Definición y Características: *Las criptomonedas son monedas digitales que funcionan fuera del sistema bancario tradicional. Se basan en la tecnología blockchain, que garantiza la integridad y seguridad de las transacciones.*

Historia Profunda: *Aunque el Bitcoin, creado en 2009, es la criptomoneda más conocida, ha habido intentos anteriores de crear monedas digitales. Sin embargo, fue la combinación de la criptografía avanzada y una comunidad dedicada lo que llevó al surgimiento y éxito de las criptomonedas.*

Actualidad en Detalle: *Más allá del Bitcoin, hay miles de criptomonedas, desde Ethereum, que permite contratos* inteligentes, hasta monedas más especializadas como Chainlink o Polkadot. El mundo criptográfico es vasto y en constante evolución.

Ventajas y Retos: *Las criptomonedas ofrecen transacciones rápidas, bajas tarifas y anonimato. Sin embargo, son extremadamente volátiles y están en un área gris regulatoria en muchas jurisdicciones.*

Es esencial subrayar que una estrategia de inversión exitosa a menudo implica diversificar a través de varias clases de activos. Esta diversificación puede ayudar a mitigar riesgos y aprovechar oportunidades en diferentes sectores del mercado. La educación continua y el asesoramiento experto son cruciales en este siempre cambiante mundo de las inversiones.

5.4 Lecciones de inversores exitosos

Invertir en activos puede parecer una tarea ardua, llena de incertidumbres y riesgos. Pero si miramos atrás en el tiempo, encontramos que algunos individuos han dominado el arte y la ciencia de invertir, dejando una huella indeleble en el mundo financiero. Estos inversores, con sus visiones únicas y sus enfoques audaces, no solo han acumulado riquezas significativas sino también han brindado invaluables lecciones para aquellos dispuestos a aprender. Vamos a profundizar en las vidas, estrategias y enseñanzas de algunos de estos gigantes financieros.

1. Warren Buffett - La filosofía del value investing

Perfil y Logros: *Warren Buffett, apodado el "Oráculo de Omaha", es considerado uno de los inversores más grandes de todos los tiempos. Bajo su dirección, Berkshire Hathaway se transformó de una empresa textil en declive a un conglomerado global que abarca una vasta gama de industrias.*

Estrategia y Enfoque: *Buffett es un firme defensor del value investing, una estrategia que busca acciones que se comercian por menos de su valor intrínseco. En otras palabras, busca "gangas". Es famoso por invertir en empresas con ventajas competitivas duraderas, un historial probado y una gestión sólida.*

Lecciones:

- **Largo plazo**: *Buffett cree en mantener inversiones a largo plazo. "Nuestro horizonte favorito de tenencia es para siempre", ha dicho.*
- **Calidad sobre cantidad**: *Prefiere comprar empresas de calidad a precios razonables que comprar empresas mediocres a precios baratos.*
- **Investiga lo que compras**: *Siempre enfatizó la importancia de entender completamente un negocio antes de invertir en él.*

Historias Relevantes: *Uno de los ejemplos más notables de las inversiones de Buffett es Coca-Cola. En la década de 1980, después de una caída en el precio de las acciones de la empresa, Buffett vio un valor y compró una participación significativa. Coca-Cola tenía una marca fuerte, un historial probado y una posición dominante en el mercado. Con los años, esa inversión ha rendido frutos múltiples veces.*

2. George Soros - El hombre que quebró al Banco de Inglaterra

Perfil y Logros: *George Soros, nacido en Hungría, es uno de los inversores más famosos y polarizantes del mundo. Es conocido tanto por sus gigantescas apuestas financieras como por sus actividades filantrópicas.*

Estrategia y Enfoque: *Soros es conocido por su teoría de la "reflexividad", que sostiene que las percepciones de los inversores* *pueden influir en los fundamentos económicos y, a su vez, estos fundamentos modificados afectan las percepciones, creando un ciclo de retroalimentación. Esta teoría lo llevó a realizar apuestas audaces en los mercados globales.*

Lecciones:

- **Flexibilidad**: *Soros enfatiza la importancia de ser adaptable y estar dispuesto a cambiar de opinión frente a nueva información.*
- **Entender el entorno macroeconómico**: *Más allá de estudiar empresas individuales, es crucial comprender el panorama económico y político más amplio.*
- **Gestión del riesgo**: *Soros siempre estableció límites claros para sus pérdidas y no permitió que las emociones interfirieran en sus decisiones.*

Historias Relevantes: *En 1992, Soros apostó contra la libra esterlina, creyendo que estaba sobrevalorada. Esta apuesta audaz le dio beneficios de más de mil millones de dólares en un solo día, llevándolo a ser conocido como "El hombre que quebró al Banco de Inglaterra".*

3. Ray Dalio - Principios para la vida y la inversión

Perfil y Logros: *Ray Dalio es el fundador de Bridgewater Associates, uno de los hedge funds más grandes y exitosos del mundo. Además de sus logros en el mundo financiero, es conocido por su enfoque filosófico hacia la vida y la toma de decisiones.*

Estrategia y Enfoque: *Dalio es un fuerte defensor de la "diversificación bien equilibrada", es decir, tener inversiones que puedan desempeñarse bien en cualquier entorno económico.*

También es conocido por crear un "modelo de maquinaria económica" que utiliza para evaluar economías y mercados.

Lecciones*:*

- **Realidad objetiva***: Aprenda a ver el mundo tal como es, no como quisiera que fuera.*
- **La importancia del desacuerdo***: Rodearse de personas inteligentes con opiniones diferentes y aprender de los desacuerdos puede ser increíblemente valioso.*
- **Sistemas de toma de decisiones***: La toma de decisiones basada en principios y sistemas puede ser más efectiva que las decisiones basadas en intuiciones.*

Historias Relevantes*: Durante la crisis financiera de 2008, mientras muchos fondos y bancos estaban luchando, Bridgewater Associates, bajo la dirección de Dalio, prosperó. La firme creencia de Dalio en la diversificación y su entendimiento profundo de la "maquinaria económica" le permitieron navegar a través de uno de los períodos más tumultuosos de la historia financiera moderna.*

4. Cathie Wood - Apostando por la disrupción

Perfil y Logros*: Cathie Wood es la fundadora y CEO de ARK Invest, un fondo de inversión que se ha destacado por su enfoque en tecnologías disruptivas y su visión audaz del futuro.*

Estrategia y Enfoque*: Wood se concentra en lo que ella llama "plataformas de innovación", como la energía solar, la genómica y la robótica. Cree que estamos al borde de una revolución tecnológica y quiere estar en la vanguardia de esa transformación.*

Lecciones*:*

- **Visión a largo plazo**: *Aunque el mercado puede ser volátil a corto plazo, tener una visión a largo plazo y mantenerse fiel a ella puede ser recompensado.*
- **Abrazar la disrupción**: *En lugar de temer al cambio, Wood busca activamente oportunidades en áreas que están siendo transformadas por la tecnología.*
- **Investigación intensiva**: *ARK Invest es conocido por su exhaustiva investigación y análisis, lo que les permite identificar oportunidades que otros pueden pasar por alto.*

Historias Relevantes: *Uno de los mayores éxitos de Wood y ARK Invest ha sido su inversión en Tesla. A pesar del escepticismo de muchos en Wall Street, Wood fue una de las primeras en ver el potencial de Tesla no solo como fabricante de automóviles, sino como líder en múltiples plataformas de innovación, desde la energía hasta la inteligencia artificial.*

Las narrativas de estos inversores icónicos proporcionan más que simples anécdotas o datos sobre inversiones exitosas. Nos ofrecen una ventana hacia sus psiques, ilustrando cómo la combinación de inteligencia, intuición, perseverancia y, a veces, una buena dosis de fortuna, puede conducir a decisiones financieras revolucionarias. Las decisiones de estos individuos no solo han transformado sus propias vidas, sino también las de millones de personas y, en ocasiones, el curso mismo de la economía global.

Cada uno de estos inversores se ha enfrentado a mercados tumultuosos, críticos escépticos y desafíos personales. Sin embargo, lo que resalta es su capacidad para mantenerse fieles a sus principios mientras se adaptan a un mundo en constante cambio. Warren Buffett nos recuerda la importancia de invertir en valor y la paciencia requerida en este enfoque. George Soros subraya la necesidad de flexibilidad y adaptabilidad en un entorno económico global. Ray Dalio enfatiza la objetividad y la importancia de un sistema de principios, mientras que Kathy Wood nos muestra la importancia de mirar hacia el futuro y abrazar la disrupción.

Estas historias no son solo guías para la inversión, sino también para la vida. Destacan la importancia de la educación continua, la humildad ante el vasto mundo de lo desconocido y la audacia para actuar según las propias convicciones. En el vasto océano de la inversión, donde cada ola puede traer incertidumbre o oportunidad, estos inversores sirven como faros, iluminando posibles rutas a través de aguas desconocidas.

A medida que avanzamos en el universo de la inversión 4.0, donde la tecnología y la globalización continúan redefiniendo las reglas del juego, estas lecciones adquieren una relevancia aún mayor. Nos recuerdan que, si bien las herramientas y tácticas pueden cambiar, los principios fundamentales de la inversión, basados en la educación, la introspección y la adaptabilidad, permanecen constantes.

Capítulo 6

Voces de Expertos en la Inversión 4.0

La era de la Inversión 4.0 ha visto surgir una plétora de voces que orientan, debaten y predicen el rumbo del mundo financiero. Estas voces, pertenecientes a personas que se han consolidado como expertos en la materia, son fundamentales para entender el panorama contemporáneo de las inversiones. La magnitud de su influencia es tal, que sus opiniones y análisis tienen el poder de moldear las decisiones financieras de millones.

Inversiones 4.0: Aprovechando Oportunidades en la Revolución Económica

Sin embargo, la Inversión 4.0 no es simplemente una continuación natural de las etapas anteriores de la inversión. Representa una auténtica revolución en cómo entendemos y nos relacionamos con el dinero, el riesgo y la recompensa. La era digital ha transformado todo, desde la forma en que compramos bienes y servicios hasta cómo interactuamos con nuestras instituciones financieras. Ha modificado el paisaje de las inversiones, introduciendo nuevas oportunidades, riesgos y paradigmas.

Los mercados ya no son solo el terreno de brokers en trajes lujosos o analistas que desentrañan hojas de balance en sus oficinas. Ahora, con la democratización de la información y las herramientas financieras, cualquier persona con una conexión a internet puede participar activamente en la economía global. Sin embargo, con esta apertura también viene una avalancha de datos, análisis y opiniones que pueden abrumar al inversor promedio.

Es en este contexto donde las voces de los expertos se convierten en faros en medio de la tormenta, proporcionando claridad y dirección a quienes buscan navegar por las turbulentas aguas de la inversión en esta nueva era. Estos expertos, con décadas de experiencia y un entendimiento profundo de los mecanismos del mercado, nos ofrecen insights que van más allá de los titulares y las modas pasajeras.

Pero, ¿quién es considerado un experto en la Inversión 4.0? A diferencia de las etapas anteriores, donde la experiencia y la formación académica eran indicadores clave, en esta nueva era, el título de "experto" se ha vuelto más fluido y multifacético. Sí, la educación y la trayectoria profesional siguen siendo fundamentales, pero también lo es la capacidad de adaptarse, aprender y reaccionar a las rápidas transformaciones del mercado.

Los expertos actuales combinan un entendimiento tradicional de las finanzas con una profunda apreciación de las tecnologías emergentes. Entienden blockchain, inteligencia artificial, aprendizaje automático y su impacto potencial en las inversiones. Pero, más allá de eso, comprenden cómo estos desarrollos se entrelazan con factores sociopolíticos, económicos y culturales a nivel global.

Estas voces no solo provienen de Wall Street o las principales capitales financieras del mundo. Están emergiendo de centros tecnológicos como Silicon Valley, de think tanks académicos, de startups en rápido crecimiento y, sorprendentemente, de comunidades en línea donde se agrupan entusiastas, desarrolladores y visionarios.

Con la evolución de los medios de comunicación y la difusión de plataformas digitales, el acceso a estos expertos es más fácil que nunca. Podcasts, webinars, blogs, conferencias virtuales y redes sociales han creado un ecosistema donde estas voces pueden ser escuchadas, discutidas y desafiadas en tiempo real. El diálogo abierto entre expertos y público, entre veteranos y novatos, está redefiniendo las reglas del juego.

El propósito de este capítulo es sumergir al lector en el universo de estos expertos, explorando sus perspectivas, sus predicciones y, lo más importante, sus lecciones. Buscamos entender qué hace que estas personas sean consideradas autoridades en un mundo tan volátil y cambiante, y cómo sus consejos y análisis pueden ayudarnos a tomar decisiones informadas y estratégicas en nuestro propio viaje de inversión.

Prepárate para adentrarte en un viaje de descubrimiento, donde la sabiduría financiera se fusiona con la innovación tecnológica, y donde las voces líderes del presente nos guiarán hacia el futuro de la Inversión 4.0.

6.1 Citas y análisis de expertos en inversiones

El mundo de las inversiones ha sido testigo de mentes brillantes a lo largo de los años, personalidades que han definido, moldeado y transformado la industria. En la era de la Inversión 4.0, la sabiduría acumulada de estos maestros, fusionada con las visiones innovadoras de nuevos expertos, crea una sinergia que brinda orientación invaluable para los inversores modernos.

A continuación, presentamos una serie de citas de algunas de las mentes financieras más respetadas del siglo XXI, seguidas de un análisis detallado de cada una para desentrañar sus significados y aplicaciones en el actual panorama inversor.

1. "En un mundo de cambio constante, los fundamentos son más importantes que nunca". - Linda Zhang, CEO de Purview Investments

Análisis: Zhang subraya una verdad esencial en este pensamiento: mientras que la tecnología y las tácticas de inversión pueden evolucionar, los principios básicos de una inversión sólida —como la diversificación, la investigación exhaustiva y la paciencia— siguen siendo vitales. En medio de la revolución de la Inversión 4.0, es crucial que los inversores no se distraigan con las últimas tendencias o modas, sino que se adhieran a los principios fundamentales.

2. "La tecnología ha democratizado la inversión, pero también ha ampliado la necesidad de educación financiera". - Ravi Menon, fundador de TechInFinance

Análisis: Menon destaca el doble filo de la tecnología. Si bien las plataformas digitales han facilitado el acceso a las inversiones para millones, también han introducido nuevos riesgos y complejidades. La educación financiera se vuelve imprescindible en este contexto, permitiendo a los inversores aprovechar las oportunidades mientras se protegen de los peligros inherentes.

3. "En la era digital, la transparencia no es una opción; es una demanda del mercado". - Aisha Yesufu, economista y activista

Análisis: Yesufu, reconocida por su activismo y su perspicaz comprensión del mercado africano, señala que la era digital ha elevado las expectativas de transparencia. Los inversores de hoy, equipados con herramientas y recursos sin precedentes, exigen claridad y honestidad de las entidades con las que interactúan. Esta demanda impulsa a las empresas e instituciones a adoptar prácticas más transparentes y éticas.

4. "La inversión inteligente no se trata de predecir el futuro, sino de prepararse para múltiples futuros". - Carlos Bremer, inversor y filántropo

Análisis: Bremer ofrece un enfoque pragmático y a la vez visionario. En lugar de tratar de adivinar lo inpredicible, sugiere que los inversores deben estructurar sus portafolios de tal manera que estén preparados para una variedad de escenarios posibles. Esto implica una diversificación cuidadosa y una planificación estratégica.

5. "El inversor moderno no solo invierte en empresas, invierte en visiones y en el impacto social". - Priya Lakhani, CEO de Century Tech

Análisis: Lakhani destaca la creciente tendencia hacia la inversión con impacto o inversión socialmente responsable. Más que nunca, los inversores están considerando las implicaciones éticas, sociales y medioambientales de sus decisiones financieras. Las empresas que operan con un propósito más allá de simplemente obtener beneficios están atrayendo más atención y capital.

6. "La data es el nuevo petróleo, pero el análisis es el motor que la quema". - Faiyaz Hudani, analista jefe en Kotak Commodities

Análisis: En un mundo donde la cantidad de datos generados es asombrosa, Hudani reconoce que tener acceso a datos no es suficiente. Lo que verdaderamente importa es cómo se interpreta y se utiliza esa información. El análisis adecuado, basado en técnicas modernas y perspicacia financiera, es lo que diferencia a los buenos inversores de los grandes.

7. "La emoción es el mayor enemigo del inversor moderno". - Anirban Basu, economista y consultor

Análisis: A pesar de todas las herramientas tecnológicas y los avances en el mundo de las inversiones, Basu nos recuerda que la naturaleza humana sigue siendo un factor fundamental. Las decisiones impulsadas por el miedo, la codicia o cualquier otra emoción pueden ser perjudiciales. Es esencial cultivar un enfoque lógico y metódico para navegar en el ámbito inversor.

8. "El blockchain y la inteligencia artificial están reescribiendo las reglas de la inversión. Pero el cambio más profundo es cómo percibimos el valor". - Manuela Veloso, jefa de investigación en J.P. Morgan AI Research

Análisis: Veloso, una de las líderes en el ámbito de la inteligencia artificial, reconoce que, aunque las tecnologías emergentes están transformando la industria, el cambio más significativo es conceptual. La percepción del valor, ya sea en términos de activos digitales como las criptomonedas o en la evaluación del valor intangible de una empresa, está evolucionando rápidamente.

Estas citas y sus análisis subyacentes ofrecen una visión panorámica de las perspectivas actuales en el mundo de las inversiones. Estas voces expertas nos recuerdan que, mientras que la tecnología y las estrategias pueden cambiar, la esencia de la inversión —comprender el valor, gestionar el riesgo y planificar el futuro— sigue siendo constante. Estar atentos a las palabras de estos líderes y aplicar sus lecciones en nuestras propias estrategias financieras puede ser la clave para navegar con éxito en la era de la Inversión 4.0.

6.2 Voces influyentes en finanzas

La historia de las finanzas, al igual que otros campos del saber humano, ha sido esculpida por individuos que, con sus conocimientos, percepciones y experiencias, han dejado un legado inolvidable. Estas figuras, que provienen de distintos rincones del mundo y cuentan con trayectorias variadas, han influido profundamente en la forma en que entendemos, interpretamos y aplicamos las finanzas en la sociedad contemporánea.

Cuando nos adentramos en el mundo de las finanzas, es como caminar por un pasillo de un museo donde cada cuadro representa una voz, una idea, un consejo de quienes, con su visión y determinación, han dejado una marca. Estas voces no solo provienen de los grandes titanes de Wall Street o de los académicos más renombrados, sino también de figuras que, desde la sombra, han llevado a cabo reformas, han creado innovaciones y han impulsado la manera en que entendemos el dinero en la actualidad.

1. "El riesgo viene de no saber lo que estás haciendo". - Warren Buffett, uno de los inversores más grandes del mundo

Reflexión: Buffett, con su estilo directo y sin adornos, nos recuerda que la educación y el conocimiento son la clave para navegar con éxito en el mundo de las finanzas. No se trata solo de tener los recursos financieros, sino de entender el juego, conocer sus reglas y anticiparse a sus movimientos. Su enfoque siempre ha sido el de la inversión a largo plazo basada en el valor real y no en las modas del momento.

2. "El mundo financiero no se trata de bien y mal, sino de riesgo y recompensa". - Dr. Raghuram Rajan, ex gobernador del Banco de la Reserva de la India y profesor de finanzas en la Universidad de Chicago

Reflexión: Rajan nos lleva a una perspectiva más matizada de las finanzas. En lugar de ver las decisiones financieras en términos binarios, nos invita a verlas a través de una lente de coste-beneficio. Cada decisión tiene un riesgo asociado, y es el trabajo de un financiero sagaz medir ese riesgo contra la recompensa potencial.

3. "Las finanzas no son solo números. Son historias sobre personas y sus sueños". - Mellody Hobson, co-CEO de Ariel Investments

Reflexión: Hobson destaca la humanidad inherente en el mundo financiero. Detrás de cada transacción, inversión o estrategia hay una historia humana. Ya sea el sueño de un emprendedor que busca financiación para su startup, una familia que invierte para el futuro de sus hijos, o un pensionista que quiere asegurar su jubilación, las finanzas son el medio para alcanzar esos sueños.

4. "En finanzas, la claridad y la simplicidad son el camino directo hacia la integridad". - Christine Lagarde, Presidenta del Banco Central Europeo

Reflexión: Lagarde, con su vasta experiencia en instituciones financieras internacionales, nos recuerda que la transparencia es esencial. En un mundo donde las finanzas pueden parecer complejas e incomprensibles para el ciudadano medio, es imperativo que las instituciones y profesionales se esfuercen por ser claros y abiertos en sus operaciones.

5. "La tecnología está cambiando la cara de las finanzas, pero el corazón sigue siendo el mismo". - Jack Ma, fundador de Alibaba y Ant Financial

Reflexión: Aunque vivimos en una era donde la fintech está redefiniendo las operaciones, Ma nos insta a recordar los principios centrales de las finanzas. Las herramientas pueden cambiar, pero los principios de confianza, integridad y valor siguen siendo los pilares.

Tras haber recorrido el camino de las voces que han dejado una huella imborrable en el panorama financiero global, es claro que las finanzas no son simplemente una ciencia fría y desapegada, sino más bien una disciplina intrincadamente tejida con la humanidad, la pasión y la visión. Estas personalidades no sólo nos han ofrecido técnicas, estrategias o teorías, sino que han proporcionado perspectivas que trascienden más allá de los números y gráficos, penetrando en la esencia misma de lo que significa invertir, crecer y prosperar.

El denominador común que comparten todas estas figuras icónicas es su habilidad para ver más allá del presente, para entender no sólo las tendencias y patrones, sino también las historias y sueños que impulsan a individuos y sociedades enteras. Han demostrado que, para ser verdaderamente exitoso en el mundo de las finanzas, uno debe poseer una combinación de astucia técnica y empatía humana.

Mientras avanzamos en nuestra propia travesía financiera, es imperativo recordar y reflexionar sobre estas voces. Porque en sus palabras y experiencias, encontramos no sólo estrategias y tácticas, sino también inspiración, motivación y, sobre todo, sabiduría. En un mundo financiero en constante evolución, armados con estas lecciones y guiados por estos pilares, podemos navegar con confianza y visión hacia un futuro próspero.

6.3 Recursos recomendados

En el vasto océano de información que existe hoy en día, la selección adecuada de recursos puede ser la diferencia entre el éxito y el fracaso en la toma de decisiones financieras. A continuación, se presentan algunas herramientas, lecturas y plataformas recomendadas para quienes buscan sumergirse más profundamente en el mundo de la Inversión 4.0.

1. Libros de referencia

- *El inversor inteligente de Benjamin Graham: Aunque fue escrito hace varias décadas, las enseñanzas de Graham siguen siendo relevantes. Este libro es una introducción esencial al valor de inversión y ofrece una comprensión profunda de los mercados financieros.*
- *Principios de Ray Dalio: Dalio, fundador de Bridgewater Associates, ofrece una visión única de los principios que han impulsado su éxito. Más allá de la inversión, es una guía para tomar decisiones efectivas en la vida y en los negocios.*
- *El cisne negro de Nassim Nicholas Taleb: Un análisis profundo de los eventos altamente improbables y sus efectos en los mercados y en el mundo. Taleb argumenta que debemos estar preparados para lo inesperado.*

2. Plataformas y herramientas digitales

- **Bloomberg Terminal**: *Es una herramienta esencial para los profesionales de las finanzas. Proporciona datos en tiempo real, noticias y análisis de mercados globales.*
- **Yahoo Finance**: *Una plataforma accesible para inversores novatos y expertos por igual. Ofrece cotizaciones en tiempo real, noticias y un conjunto robusto de herramientas de análisis.*

- **Seeking Alpha**: *Es una comunidad de inversores y analistas que ofrecen perspectivas y análisis sobre acciones, bonos y más. Es especialmente útil para obtener puntos de vista diversificados sobre posibles inversiones.*

3. Podcasts y canales de YouTube

- **Masters in Business**: *Presentado por Barry Ritholtz, este podcast presenta entrevistas con expertos en inversión, economía y finanzas.*
- **Investing with IBD**: *Proporciona análisis de mercado, entrevistas con profesionales de la inversión y consejos sobre cómo invertir.*
- **Finanzas Claras**: *Un canal de YouTube que descompone complejas teorías financieras en lecciones fáciles de entender, ideal para aquellos que recién comienzan.*

4. Cursos y seminarios en línea

- **CFA Institute**: *Ofrece una serie de cursos para aquellos interesados en obtener la certificación CFA, reconocida mundialmente en la industria financiera.*
- **Coursera & edX**: *Ambas plataformas ofrecen una variedad de cursos en finanzas, desde introducciones básicas hasta materias avanzadas, impartidas por profesionales y académicos de renombre.*
- **Seminarios de la SEC**: *La Comisión de Bolsa y Valores de EE. UU. realiza seminarios periódicos sobre temas actuales en finanzas e inversión, proporcionando una perspectiva regulatoria.*

Estos recursos son puntos de partida, pero la educación financiera es un viaje continuo. Las finanzas y las inversiones están en constante evolución, y lo que funciona hoy puede no ser aplicable mañana. Por lo tanto, es esencial mantenerse informado y adaptarse.

Inversiones 4.0: Aprovechando Oportunidades en la Revolución Económica

A medida que las tendencias cambian y la tecnología avanza, las voces de los expertos y las herramientas a nuestra disposición se multiplican y se refinan. La clave es no quedarse estático. La verdadera sabiduría en el ámbito financiero proviene de una combinación de conocimientos teóricos, experiencia práctica y, lo más importante, de la voluntad de aprender constantemente.

El viaje por el mundo de la Inversión 4.0, como cualquier otro viaje de aprendizaje, es uno lleno de descubrimientos, retos y oportunidades. Aprovecha los recursos disponibles, escucha las voces de quienes han caminado por este sendero antes que tú, y, sobre todo, confía en tu capacidad de adaptación y crecimiento. En este paisaje siempre cambiante, es el compromiso con el aprendizaje y la evolución lo que define a los verdaderos pioneros.

Capítulo 7

Sostenibilidad y Inversión Responsable

La sostenibilidad y la inversión responsable, conceptos que otrora parecían estar en las periferias del mundo financiero, han cobrado un protagonismo inesperado en las últimas décadas. Estos términos ya no son sólo eslóganes o tendencias pasajeras; se han transformado en pilares centrales en el pensamiento de inversión contemporáneo. Cada vez más, los inversores, tanto institucionales

como individuales, buscan no sólo rendimientos financieros, sino también un impacto positivo en la sociedad y el medio ambiente.

El siglo XXI ha traído consigo una serie de desafíos globales sin precedentes: el cambio climático, la desigualdad social y económica, los derechos humanos y la gestión de los recursos naturales, por mencionar algunos. Estos desafíos han cambiado la forma en que vemos el mundo y, por ende, la forma en que pensamos sobre el dinero y las inversiones. En este contexto, la sostenibilidad y la inversión responsable emergen como respuestas a una creciente demanda de soluciones integrales que aborden tanto las necesidades económicas como las sociales y ambientales.

A lo largo de este capítulo, exploraremos el vínculo intrínseco entre las inversiones y la sostenibilidad, y cómo la fusión de estos dos mundos puede crear un futuro más prometedor y equitativo. Del mismo modo, nos adentraremos en el mundo de las inversiones ESG (medioambientales, sociales y de gobernanza) y cómo estas están redefiniendo lo que significa invertir con propósito. Discutiremos la influencia de la responsabilidad corporativa en el rendimiento financiero y, finalmente, delinearemos estrategias de inversión que no sólo buscan beneficios económicos, sino también impactos positivos en el mundo en el que vivimos.

Estamos en un momento crucial de la historia financiera, donde la definición de "valor" está siendo reescrita. Ya no es suficiente mirar simplemente los rendimientos financieros; ahora, los inversores buscan un retorno más amplio, uno que tenga en cuenta el bienestar del planeta y de sus habitantes. Es una época donde la sostenibilidad y la responsabilidad no son sólo deseables, sino esenciales.

7.1 Rol de la sostenibilidad en inversiones modernas

A medida que el panorama financiero global se transforma, la sostenibilidad emerge como un pilar esencial, influenciando significativamente la forma en que se comprenden y realizan las inversiones en el siglo XXI. Tradicionalmente, la sostenibilidad se ha vinculado con prácticas medioambientales, pero, en realidad, abarca un espectro mucho más amplio que integra dimensiones sociales, económicas y de gobernanza.

El contexto histórico y evolución de la inversión sostenible

Desde el despertar de la conciencia social en las décadas de 1960 y 1970, ha habido un interés creciente en combinar la moral y la ética con las inversiones. Estos movimientos iniciales llevaron a los inversores a considerar factores que iban más allá del rendimiento financiero, como los derechos civiles, la paz y el medio ambiente.

No obstante, la verdadera consolidación de la sostenibilidad en el ámbito inversor ha ocurrido en las últimas dos décadas. Impulsados por una mayor conciencia global, escándalos corporativos y la necesidad de enfrentar desafíos globales como el cambio climático, los inversores han comenzado a ver la sostenibilidad no solo como una cuestión ética, sino también como una herramienta crucial para la gestión de riesgos y la obtención de rendimientos sostenibles a largo plazo.

El impulso global hacia una economía sostenible

Los marcos reguladores globales, como los Acuerdos de París de 2015, han establecido objetivos ambiciosos que requieren la cooperación de naciones, corporaciones e individuos. Esta confluencia de objetivos ha llevado a la creación de estándares, protocolos y certificaciones que orientan a las empresas hacia prácticas más sostenibles, generando, a su vez, oportunidades de inversión alineadas con estos principios. Los inversores, tanto institucionales como individuales, están reconociendo que las *inversiones sostenibles no solo son éticamente correctas sino que, en muchos casos, ofrecen un rendimiento superior a largo plazo.*

Sostenibilidad y rendimiento financiero: rompiendo mitos

El debate sobre si las inversiones sostenibles pueden igualar o superar el rendimiento de las inversiones convencionales ha sido extenso. Sin embargo, un creciente cuerpo de investigaciones está empezando a desmantelar el mito de que la sostenibilidad y el rendimiento financiero están en desacuerdo. Empresas que incorporan prácticas sostenibles a menudo muestran mayor resiliencia ante crisis, mejor gestión y una visión más alineada con las tendencias y demandas futuras.

La sostenibilidad como herramienta de mitigación de riesgos

En un mundo cada vez más interconectado y complejo, los riesgos se presentan en múltiples frentes. La sostenibilidad actúa como un prisma a través del cual los inversores pueden evaluar riesgos emergentes, desde vulnerabilidades climáticas hasta conflictos laborales y problemas de gobernanza. Al integrar la sostenibilidad, los inversores están mejor equipados para identificar, entender y, en última instancia, mitigar estos riesgos.

La demanda creciente de inversión sostenible

El deseo de combinar objetivos financieros con impactos positivos en la sociedad y el medio ambiente está impulsando una demanda sin precedentes de oportunidades de inversión sostenible. Las generaciones más jóvenes, en particular, están mostrando un compromiso con la inversión sostenible, lo que augura un futuro brillante y centrado en la sostenibilidad.

Inclusión de criterios ASG en la evaluación de inversiones

Más allá de los números, las empresas son evaluadas por cómo administran sus recursos, cómo se relacionan con sus stakeholders y cómo navegan los complejos desafíos éticos y de gobernanza. Esta evaluación holística lleva a los inversores a obtener una imagen más completa y precisa, que, a largo plazo, puede resultar en inversiones más informadas y rentables.

La revolución sostenible en el ámbito de las inversiones está más que en marcha, y su impulso es innegable. En décadas pasadas, la noción de sostenibilidad podría haberse visto como una tendencia pasajera o una simple nota al margen en el mundo financiero. Sin embargo, en la realidad actual, su protagonismo es incuestionable, y su importancia solo se proyecta a crecer en las décadas venideras.

Es esencial entender que este cambio no se ha dado de manera aislada. La evolución de la inversión sostenible es un reflejo del cambio en la conciencia colectiva global, un cambio que demanda una mayor responsabilidad, integridad y previsión en todos los sectores, y que encuentra en el financiero un terreno especialmente fértil. A medida que más personas comprenden los enormes desafíos que enfrentamos como sociedad global —ya sea el cambio climático, la creciente desigualdad, o la pérdida de biodiversidad— surge una demanda ineludible por soluciones y enfoques de inversión que aborden estos temas de manera activa.

Y mientras que la sostenibilidad en las inversiones comenzó siendo impulsada principalmente por consideraciones éticas, hoy su valor se aprecia también desde una perspectiva puramente económica. Las empresas y los fondos que integran criterios ambientales, sociales y de gobernanza en sus operaciones y estrategias no solo están mitigando riesgos, sino que también están descubriendo oportunidades de crecimiento y innovación que quedan ocultas para enfoques más tradicionales.

Más allá de esto, vivimos en una era de información. Los inversores, grandes y pequeños, tienen acceso a más datos que nunca antes. Este flujo constante de información permite, y de hecho exige, una evaluación más exhaustiva y detallada de las oportunidades de inversión. La sostenibilidad, en este contexto, proporciona una lente adicional, una herramienta crítica para desentrañar la complejidad del mundo actual y para identificar aquellas inversiones que no solo ofrecen rendimientos a corto plazo, sino que también están alineadas con un futuro más próspero y sostenible.

La sostenibilidad ha dejado de ser un simple añadido o un complemento en el mundo de las inversiones para convertirse en una pieza central. Los inversores que no integren consideraciones sostenibles en sus estrategias corren el riesgo de quedarse atrás, de perder oportunidades y de enfrentar riesgos emergentes que no habían previsto. Pero aquellos que abracen la sostenibilidad, que la incorporen en el núcleo mismo de sus estrategias de inversión, estarán no solo posicionándose para el éxito financiero, sino también contribuyendo activamente a la construcción de un mundo mejor para todos. Es una senda que combina lo pragmático con lo idealista, ofreciendo no solo rendimientos, sino también significado. En la encrucijada actual de desafíos globales, esa combinación es más valiosa que nunca.

7.2 Inversiones ESG

Las inversiones ESG (siglas que hacen referencia a criterios ambientales, sociales y de gobernanza) se han transformado de ser un nicho en los mercados financieros a un protagonista dominante en las conversaciones globales sobre inversión. Estas inversiones no sólo representan una tendencia emergente, sino que son el reflejo de un cambio fundamental en cómo los inversionistas, tanto institucionales como individuales, ven el mundo y su lugar en él. No es sólo una cuestión de obtener un retorno financiero, sino de cómo se obtiene ese retorno y qué tipo de mundo estamos ayudando a construir en el proceso.

Esta revolución en las inversiones se debe, en parte, a un creciente reconocimiento de que los riesgos y oportunidades asociados con los temas ambientales, sociales y de gobernanza pueden tener un impacto directo y material en la rentabilidad a largo plazo de una inversión. Los efectos del cambio climático, las tensiones sociales, y la necesidad de una gobernanza corporativa robusta son factores que ya no pueden ser ignorados. Además, hay un reconocimiento cada vez mayor de que el mundo está enfrentando desafíos sin precedentes que requieren soluciones innovadoras y una reevaluación de cómo hacemos negocios.

Los inversores están empezando a comprender que el enfoque tradicional de inversión, basado únicamente en análisis financieros, puede no ser suficiente en este nuevo mundo. Los desafíos que enfrentamos requieren una mentalidad más holística, que tenga en cuenta el impacto más amplio de nuestras decisiones de inversión. Esto no significa sacrificar rendimientos; de hecho, hay evidencia creciente de que las inversiones que tienen en cuenta los criterios ESG pueden ofrecer rendimientos comparables, si no superiores, a sus contrapartes tradicionales.

Historia y evolución del ESG

El concepto de inversión socialmente responsable (ISR) ha existido durante décadas. Sin embargo, ha sido en los últimos veinte años que hemos visto una verdadera metamorfosis en este espacio. Inicialmente, la ISR se centró en excluir ciertas inversiones, como las empresas tabacaleras o las de armamento, basándose en consideraciones morales o éticas. Pero con el tiempo, la conversación cambió de evitar "lo malo" a buscar activamente "lo bueno".

El surgimiento de los criterios ESG fue un desarrollo natural de esta evolución. Estos criterios ofrecen una estructura más formalizada y detallada para evaluar las prácticas de las empresas en áreas clave. Ya no se trataba sólo de evitar ciertos sectores o empresas, sino de evaluar activamente cómo una empresa gestiona sus impactos ambientales, cómo trata a sus empleados y cómo se rige.

A medida que la conciencia pública sobre cuestiones como el cambio climático, la desigualdad social y la corrupción corporativa ha crecido, también lo ha hecho el interés en las inversiones ESG. Esto ha sido acompañado por un crecimiento en la investigación y datos disponibles sobre cómo estos factores pueden impactar el rendimiento financiero.

Empresas líderes en la aplicación de criterios ESG

Varias empresas globales han sido pioneras en la integración de los criterios ESG en sus operaciones y estrategias.

- **Unilever:** *Desde su compromiso de hacer que todas sus operaciones sean neutras en carbono para 2030 hasta sus programas de abastecimiento sostenible, Unilever se ha destacado por su enfoque en sostenibilidad.*
- **Tesla:** *Aunque es conocida por sus coches eléctricos, Tesla también está innovando en soluciones de almacenamiento de energía y energía solar, alineándose con el criterio ambiental del ESG.*
- **Vestas Wind Systems:** *Esta compañía danesa es uno de los principales productores de turbinas eólicas del mundo, promoviendo una energía más limpia y sostenible.*
- **Nestlé:** *Con programas destinados a garantizar un abastecimiento sostenible de cacao y café y esfuerzos para reducir el uso del agua en su producción, Nestlé está incorporando prácticas ESG en su cadena de suministro.*

El impacto futuro del ESG en el mundo

Las inversiones basadas en criterios ESG no son una simple tendencia pasajera; representan una evolución en cómo se conceptualizan las inversiones. *Los beneficios de esta nueva perspectiva son numerosos:*

- **Mitigación de riesgos:** *Las empresas que se adelantan en adoptar prácticas sostenibles están mejor posicionadas para enfrentar desafíos futuros, como cambios regulatorios o problemas relacionados con el cambio climático.*
- **Acceso a capital:** *Los inversores, cada vez más, buscan empresas que tengan un enfoque sostenible, ofreciendo mejores condiciones de financiamiento a aquellas que cumplen con criterios ESG.*
- **Reputación y lealtad del cliente:** *Los consumidores modernos valoran las marcas que demuestran responsabilidad social y ambiental. Esta lealtad puede traducirse en una ventaja competitiva en el mercado.*
- **Innovación:** *Al buscar maneras de ser más sostenibles, las empresas pueden descubrir nuevas oportunidades de negocio o formas más eficientes de operar.*
- **Un mundo más sostenible:** *En el nivel más amplio, el auge de las inversiones ESG significa un paso hacia un futuro más sostenible, donde las empresas juegan un papel crucial en la solución de desafíos globales.*

Finalmente, al contemplar el vasto panorama de las inversiones ESG, es esencial entender su dimensión transformadora. No sólo se trata de una moda pasajera o de un simple giro en la estrategia de inversión. Representa una redefinición fundamental de lo que significa invertir y de cómo se deben considerar las responsabilidades fiduciarias. Al adoptar un enfoque ESG, los inversores están reconociendo que su papel va más allá de la mera maximización del valor para los accionistas. Están aceptando una responsabilidad más amplia hacia todas las partes interesadas, incluyendo la sociedad en general y el planeta que compartimos.

A medida que avanzamos hacia el futuro, es probable que veamos una mayor integración de los criterios ESG en todas las facetas de la inversión. Ya no será una categoría separada o un nicho, sino una parte integral de cómo se aborda la inversión en su conjunto. Y a medida que las empresas y los inversores continúen adaptándose y evolucionando en este espacio, veremos surgir nuevas oportunidades y desafíos que, sin duda, moldearán el futuro del mundo financiero y más allá.

7.3 Influencia de la responsabilidad corporativa en el rendimiento financiero

En la era moderna de la inversión, la responsabilidad corporativa ha dejado de ser una mera etiqueta para convertirse en una fuerza motriz que influye en decisiones estratégicas, estructuras operativas y, lo más importante, en el rendimiento financiero de las empresas. A medida que el mundo enfrenta desafíos globales sin precedentes, la conexión entre cómo operan las empresas y su desempeño económico se ha hecho más evidente que nunca. Explorar esta relación nos ofrece un panorama mucho más amplio de cómo la sostenibilidad y la rentabilidad pueden ir de la mano.

El Nexo entre Responsabilidad y Rentabilidad

Durante mucho tiempo, el mundo empresarial vivió bajo la suposición de que la responsabilidad social corporativa (RSC) y la rentabilidad eran mutuamente excluyentes. Se consideraba que los esfuerzos en RSC eran un gasto adicional que no generaba beneficios tangibles. Sin embargo, las investigaciones y estudios recientes han demostrado que esta visión es limitada y que, de hecho, una gestión responsable puede generar ventajas competitivas y valor a largo plazo para los accionistas.

Uno de los mecanismos detrás de esto es el fortalecimiento de la reputación corporativa. En un mundo donde las redes sociales y las noticias en tiempo real pueden magnificar cualquier acción de una empresa, tener una buena reputación se ha vuelto esencial. Las empresas que muestran una genuina preocupación por el medio ambiente, los derechos humanos, la diversidad y la inclusión, entre otros aspectos, tienden a ser vistas más favorablemente por los consumidores, lo que puede traducirse en lealtad de marca y mayores ventas.

Además, las empresas que adoptan prácticas sostenibles y éticas a menudo experimentan beneficios operativos. Al implementar prácticas ecológicas, por ejemplo, las empresas pueden reducir costos al disminuir el consumo de energía o al reciclar y reutilizar materiales. Asimismo, las empresas que tratan a sus empleados con justicia y ofrecen un entorno de trabajo saludable suelen tener tasas más bajas de rotación, lo que reduce los costos de contratación y formación.

Otro factor crucial es la atracción y retención de talento. Las generaciones más jóvenes, en particular, buscan trabajar para empresas que compartan sus valores y se comprometan a hacer del mundo un lugar mejor. Estas empresas no sólo atraen a empleados más comprometidos y motivados, sino que también se benefician de la innovación y la creatividad que estos empleados aportan.

El Papel del Capital Intelectual y la Innovación

La responsabilidad corporativa no solo afecta directamente al rendimiento financiero a través de la reputación y la eficiencia operativa. Un aspecto menos tangible pero igualmente crucial es cómo fomenta la innovación y el desarrollo del capital intelectual.

Al adoptar prácticas sostenibles, las empresas se ven a menudo obligadas a repensar sus operaciones, productos y servicios desde cero. Esto puede llevar a innovaciones disruptivas que no sólo reducen el impacto ambiental o social negativo sino que también abren nuevas oportunidades de mercado. Por ejemplo, la búsqueda de soluciones sostenibles ha llevado al desarrollo de tecnologías de energías renovables, productos biodegradables y servicios compartidos, por nombrar solo algunos.

El capital intelectual, que incluye habilidades, conocimientos y experiencia, es una parte esencial del valor de muchas empresas modernas. Al fomentar un enfoque responsable, las empresas pueden atraer y retener a los mejores talentos, quienes aportan con su conocimiento y creatividad, enriqueciendo el capital intelectual de la organización.

Riesgos Mitigados y Resiliencia Corporativa

Además de los beneficios directos e indirectos, la responsabilidad corporativa también juega un papel vital en la mitigación de riesgos. Las empresas que tienen en cuenta factores sociales y ambientales en sus decisiones estratégicas suelen estar mejor preparadas para enfrentar crisis o cambios inesperados en el mercado.

Por ejemplo, las empresas que han implementado cadenas de suministro sostenibles y éticas tienen menos probabilidad de enfrentar interrupciones debido a desastres naturales, conflictos laborales o escándalos relacionados con proveedores. Estas empresas también suelen ser más resilientes frente a cambios regulatorios, ya que a menudo ya cumplen o incluso superan las normativas en áreas como emisiones, derechos laborales o gestión de residuos.

Mientras que en el pasado la responsabilidad corporativa podía ser vista como un lujo o una estrategia de relaciones públicas, en el mundo empresarial actual es un componente esencial para el éxito y la sostenibilidad a largo plazo. Las empresas que adoptan prácticas responsables no sólo están haciendo lo correcto desde un punto de vista ético, sino que también están creando un valor real y tangible para sus accionistas.

Los beneficios de una gestión responsable son amplios y variados, desde una mayor lealtad de marca y eficiencia operativa hasta la atracción de talento y la mitigación de riesgos. En un mundo cada vez más interconectado y consciente, la responsabilidad corporativa y el rendimiento financiero no sólo están conectados, sino que están intrínsecamente entrelazados.

7.4 Estrategias de inversión responsable

El paisaje de la inversión moderna es vasto y diverso, extendiéndose más allá de simples cálculos financieros para incorporar un espectro más amplio de consideraciones que reflejan la creciente conciencia global. Esta nueva dimensión de la inversión, basada en la responsabilidad, no solo representa una respuesta a los desafíos globales emergentes, sino también un reconocimiento de que las decisiones de inversión tienen un impacto profundo en el mundo en el que vivimos. No se trata de un acto altruista, sino de una combinación entre responsabilidad social y rendimiento financiero, un equilibrio que, si se gestiona adecuadamente, puede ofrecer tanto beneficios económicos como sociales.

Integrando Criterios Responsables

La integración de criterios responsables en las decisiones de inversión trasciende la simple noción de evitar o excluir ciertas industrias o empresas. Se trata de una evaluación más sofisticada y profunda de las empresas y proyectos, considerando no solo su viabilidad financiera, sino también su impacto en la sociedad y en el medio ambiente.

- **Screening positivo**: *Esta metodología implica ir más allá de la eliminación de ciertas empresas. Es una estrategia proactiva que busca activamente invertir en empresas que* no sólo cumplen con ciertos criterios, sino que son líderes en sostenibilidad y responsabilidad. El inversor no sólo se guía por quien no incluir, sino por quien destacar y respaldar.

- **Inversión temática**: Esta estrategia se sumerge en áreas o sectores específicos que están alineados intrínsecamente con la sostenibilidad, como el agua potable, la educación inclusiva o las tecnologías limpias. Es una forma de capitalizar áreas que no solo prometen crecimiento financiero, sino también progreso social.

- **Inversión de impacto**: Más que solo buscar rentabilidad financiera, la inversión de impacto se centra en generar un cambio tangible y medible en cuestiones sociales o ambientales, estableciendo objetivos claros y midiendo el impacto regularmente.

Evaluación y Monitoreo Continuo

Una vez tomada la decisión de inversión basada en criterios responsables, es esencial mantener un seguimiento riguroso. El panorama empresarial es fluido; las empresas pueden evolucionar, y sus prácticas pueden mejorar o deteriorarse. Además, el entorno socio-político, las regulaciones y la percepción pública también pueden influir.

El uso de herramientas analíticas avanzadas, consultas con expertos en sostenibilidad y la revisión regular de informes y certificaciones son esenciales para garantizar que las inversiones continúen cumpliendo con los estándares esperados. Un inversor responsable no solo debe ser diligente al principio, sino mantener esa diligencia durante toda la vida de la inversión.

Los Beneficios de una Estrategia Responsable

La responsabilidad en las inversiones no es solo una cuestión de ética o imagen pública; tiene repercusiones tangibles y beneficiosas para el inversor:

- **Mitigación de Riesgos**: *Las empresas que adoptan prácticas sostenibles suelen estar mejor preparadas para enfrentar desafíos regulatorios, riesgos medioambientales y cambios socioeconómicos. Están, por lo tanto, posicionadas para ofrecer una mayor estabilidad a largo plazo.*
- **Identificación de Oportunidades**: *Al considerar factores de sostenibilidad, los inversores pueden descubrir nichos de mercado o innovaciones que podrían pasar desapercibidos con enfoques tradicionales.*
- **Reputación y Legado**: *Para fondos e inversores institucionales, una estrategia responsable puede mejorar significativamente su reputación, lo que a su vez puede traducirse en confianza y lealtad entre sus stakeholders.*

El tejido del mundo financiero, una vez dominado por códigos binarios de ganancias y pérdidas, se está transformando en un tapiz multicolor enriquecido con matices de responsabilidad, ética y sostenibilidad. Esta metamorfosis, lejos de ser una simple modificación superficial, es la manifestación de una revolución que ha estado gestándose en el corazón mismo de la comunidad inversora global.

Si retrocedemos a los inicios de la historia económica, las inversiones eran transacciones sencillas, influenciadas por tendencias de mercado y oportunidades inmediatas. Pero el siglo XXI, con su rápida evolución tecnológica y creciente interconexión global, ha lanzado a la humanidad a una era sin precedentes de autoreflexión. Las decisiones financieras ya no se toman en el vacío; se hacen a la sombra de los grandes desafíos que nuestra civilización enfrenta, como el delicado equilibrio ecológico de nuestro planeta y las persistentes brechas sociales que nos dividen.

Este paisaje cambiante ha provocado un reajuste en la mentalidad inversora. La inversión responsable, con su énfasis en la creación de un valor que trasciende el simple beneficio económico, ha surgido como una respuesta natural y necesaria. Los inversores de hoy ya no solo preguntan: "¿Cuánto ganaré?", sino también: "¿Qué impacto tendrá mi inversión?".

Dentro de este paradigma, vemos cómo el sector financiero se convierte en un agente de cambio. Las inversiones sostenibles representan un compromiso con un futuro en el que las generaciones venideras puedan prosperar. Las decisiones tomadas hoy, reflejan una visión a largo plazo, reconociendo que el verdadero éxito financiero se logra al equilibrar las ganancias con el bienestar global.

Es en este contexto que surge el poder de la información. En un mundo hiperconectado, la transparencia se vuelve esencial. Las empresas y los fondos que adoptan una postura responsable no solo están abriendo sus libros contables, sino también sus valores, objetivos y ambiciones a escrutinio público. Esta nueva era de transparencia y responsabilidad ha elevado el estándar de lo que se espera de las organizaciones y de los inversores.

Mientras avanzamos, es vital recordar que la responsabilidad no es una estrategia pasiva. Requiere una vigilancia constante, una adaptación y un compromiso inquebrantables para mantenerse al día con un mundo en evolución. Aquellos que elijan ignorar este cambio doblegarán no solo sus propios potenciales de crecimiento, sino también el potencial de nuestro mundo para avanzar hacia un futuro más inclusivo y sostenible.

La inversión responsable, por tanto, no es simplemente una opción entre muchas. Se está convirtiendo rápidamente en la norma, una evolución natural del mundo financiero en respuesta a las necesidades cambiantes de nuestra sociedad y nuestro planeta. A medida que cerramos este capítulo, es imperativo reflexionar sobre nuestro papel en este gran esquema. Cada decisión, cada inversión, cada compromiso tiene el poder de moldear el mañana. La verdadera pregunta es: ¿qué tipo de mañana queremos construir?.

Capítulo 8

Fintech y la Democratización de las Inversiones

La historia de la humanidad está llena de revoluciones, desde las revueltas políticas hasta las revoluciones industriales, que han reconfigurado el mundo en formas inimaginables. A lo largo del tiempo, estas revoluciones han sido impulsadas por máquinas y movimientos, pero en la era actual, las tecnologías digitales están cambiando la manera en que vivimos, trabajamos y manejamos nuestro dinero. En este contexto, surge el término "fintech", que es una fusión de las palabras "finanzas" y "tecnología". Esta

denominación aparentemente simple encapsula una revolución que está transformando el panorama financiero global, democratizando el acceso a las inversiones y redefiniendo nuestra relación con el dinero.

La evolución de las fintech es el resultado de la convergencia de varios factores. La era de la información, potenciada por la rápida digitalización y la omnipresencia de internet, ha sido el terreno propicio para las innovaciones disruptivas en casi todos los sectores. Estas tecnologías emergen con la premisa de que pueden mejorar y simplificar los servicios financieros. Sin embargo, su impacto va más allá de la mera eficiencia, radicando su verdadera promesa en su capacidad democratizadora, ofreciendo oportunidades financieras antes reservadas para unos pocos.

Un catalizador fundamental ha sido la insatisfacción con el sistema financiero tradicional, marcado por crisis, inaccesibilidad y la percepción de desajuste con las necesidades actuales. Así, surgió una demanda de alternativas más ágiles y centradas en el usuario. Las primeras fintech abordaron áreas específicas como pagos, crowdfunding y préstamos peer-to-peer, pero con el tiempo, formaron un ecosistema interdependiente que desafía y a menudo supera a las infraestructuras financieras convencionales.

Estas fintech, más allá de ser solo tecnología, representan historias humanas. Tratan sobre el emprendedor que obtiene financiamiento para su startup, la madre soltera que consigue un préstamo para la educación de sus hijos y el inversor amateur que toma decisiones informadas desde su smartphone. Pero como toda revolución, vienen acompañadas de desafíos, especialmente en áreas como seguridad, privacidad y regulación. Mientras exploramos este vasto horizonte, es crucial recordar su esencia humana, siendo respuestas a nuestras aspiraciones y necesidades en una era en constante evolución.

La naturaleza cambiante de esta era implica que, si bien las fintech eran vistas como novedades hace una década, ahora dominan el mundo financiero. Con la tecnología avanzando rápidamente, las oportunidades y desafíos que presentan se transforman constantemente. La globalización ha jugado un papel vital, llevando a innovaciones desde lugares tradicionalmente desatendidos que tienen un impacto global. Esta era también destaca la interconexión y transparencia financiera, donde la educación financiera se convierte en un pilar esencial para equipar a las personas en este nuevo mundo. La colaboración entre fintech y entidades financieras tradicionales es crucial para maximizar el impacto y garantizar sostenibilidad.

Al sumergirnos en el mundo de las fintech y la democratización de las inversiones, no solo estamos abordando una faceta tecnológica o económica. Estamos viendo el futuro de nuestra relación con el dinero, nuestras decisiones y cómo nos empoderamos para un futuro financiero seguro. Las fintech simbolizan un mundo financiero más inclusivo y transparente, pero también subrayan la responsabilidad colectiva de asegurar que esta promesa se realice justa y sosteniblemente.

8.1 La revolución fintech

El surgimiento y consolidación de las fintech no es solo un cambio dentro de la industria financiera; es una revolución en sí misma. Esta revolución ha redefinido cómo nos relacionamos con nuestro dinero, cómo hacemos negocios y, en muchos aspectos, cómo vivimos. A continuación, profundizaremos en los distintos aspectos que componen esta revolución, desde sus raíces hasta sus proyecciones futuras.

Orígenes de las fintech

Para entender la revolución fintech, es esencial comprender sus orígenes. Aunque el término 'fintech' es relativamente nuevo, la idea de utilizar la tecnología para mejorar las transacciones financieras tiene sus raíces en la década de 1960, cuando las primeras tarjetas de crédito aparecieron en escena y los cajeros automáticos comenzaron a proliferar. Sin embargo, es con la llegada de internet cuando esta idea realmente comienza a cobrar vida.

El auge de internet en la década de 1990 proporcionó un espacio sin precedentes para el intercambio de información, y pronto, las instituciones financieras reconocieron el potencial de ofrecer sus servicios en línea. Sin embargo, con la llegada del nuevo milenio y el crecimiento exponencial de la tecnología móvil, las fintech como las conocemos comenzaron a tomar forma.

Los consumidores demandaban soluciones más rápidas, transparentes y eficientes. Las instituciones financieras tradicionales, con sus modelos burocráticos y a menudo obsoletos, no podían adaptarse con la suficiente rapidez. Fue en este intersticio donde las fintech encontraron su nicho.

Tecnologías que impulsan la revolución

No se puede hablar de fintech sin mencionar las tecnologías que la han hecho posible. Una de las más destacadas es la tecnología de cadena de bloques o blockchain. Esta tecnología promete una transparencia sin precedentes, permitiendo transacciones seguras sin la necesidad de un intermediario. El blockchain ha permitido la creación y consolidación de criptomonedas como Bitcoin y Ethereum, redefiniendo la naturaleza del dinero y la forma en que lo transferimos y almacenamos.

Otra tecnología clave es la inteligencia artificial (IA). La IA ha permitido a las fintech ofrecer servicios personalizados basados en algoritmos que aprenden de los comportamientos y preferencias del usuario. Esto ha llevado a soluciones como los asesores robo, que ofrecen recomendaciones de inversión adaptadas a las necesidades individuales del usuario a una fracción del costo de un asesor financiero tradicional.

Estas son solo dos ejemplos, pero detrás de cada servicio fintech hay una serie de tecnologías avanzadas trabajando en conjunto para ofrecer soluciones más rápidas, eficientes y personalizadas.

Impacto en la industria financiera

Es imposible negar que la revolución fintech ha sacudido los cimientos de la industria financiera. Las fintech han demostrado que es posible ofrecer servicios financieros de alta calidad a un costo menor y con mayor eficiencia. Esto ha obligado a las instituciones financieras tradicionales a replantearse sus modelos de negocio y buscar formas de innovar.

Hemos visto cómo grandes bancos están adoptando tecnologías fintech o colaborando con startups para mejorar sus ofertas. También hemos presenciado el nacimiento de neobancos, que operan exclusivamente en línea y ofrecen soluciones altamente personalizadas a sus clientes.

Sin embargo, más allá de la competencia, la revolución fintech ha ampliado el acceso a servicios financieros. Gracias a soluciones como las plataformas de microcréditos o los sistemas de pagos móviles, personas en regiones anteriormente desatendidas ahora tienen acceso a servicios financieros básicos.

Desafíos y oportunidades futuras

La revolución fintech no está exenta de desafíos. La regulación es uno de los principales. Diferentes países tienen diferentes enfoques regulatorios hacia las fintech, y encontrar un equilibrio entre la *protección del consumidor y la promoción de la innovación no es tarea fácil.*

Además, la rápida evolución de la tecnología significa que las fintech deben estar constantemente adaptándose y mejorando. Los problemas de seguridad, privacidad y confianza son desafíos constantes en un mundo cada vez más digital.

Sin embargo, las oportunidades superan con creces estos desafíos. A medida que más y más personas tienen acceso a internet y tecnologías móviles, el mercado potencial para las fintech sigue creciendo. Además, la continua innovación tecnológica promete soluciones aún más avanzadas y personalizadas en el futuro.

La revolución fintech es más que un simple cambio en la industria financiera. Es una redefinición de cómo entendemos y utilizamos el dinero. Mientras continuamos navegando por esta era de cambio constante, una cosa es segura: las fintech están aquí para quedarse, y su impacto solo crecerá en los años venideros.

8.2 Democratización de las inversiones

El mundo de las inversiones, durante mucho tiempo, ha sido percibido como un espacio exclusivo para expertos, instituciones financieras y personas con grandes sumas de dinero. Sin embargo, en los últimos años, hemos sido testigos de un cambio significativo en esta percepción. La democratización de las inversiones se refiere al proceso por el cual el acceso y la participación en el mundo de las inversiones se han vuelto más accesibles para el público general, independientemente de su conocimiento financiero o capital disponible. En esta sección, exploraremos cómo ha ocurrido esta democratización y cuáles son sus implicaciones.

El tradicional mundo de las inversiones

Para entender la revolución que está en marcha, primero es esencial comprender cómo funcionaba el antiguo sistema. Históricamente, invertir en mercados como la bolsa de valores requería de intermediarios, como corredores de bolsa o gestores de fondos, quienes se encargaban de manejar las inversiones de sus clientes a cambio de comisiones y tarifas, a menudo altas.

Además, la entrada a ciertos fondos de inversión o vehículos financieros estaba reservada para aquellos que podían aportar grandes sumas de dinero, dejando fuera a pequeños inversores. El sistema estaba configurado de tal manera que favorecía a las grandes instituciones y a los individuos adinerados.

Tecnología: el catalizador del cambio

La tecnología ha sido el principal motor de la democratización de las inversiones. Con la llegada de internet, la información financiera, antes reservada para unos pocos, comenzó a estar al alcance de muchos. Sitios web, blogs, podcasts y tutoriales comenzaron a ofrecer educación financiera gratuita y de calidad, permitiendo a más personas entender y acceder al mundo de las inversiones.

Además, surgieron plataformas de inversión en línea que permiten a los usuarios comprar y vender activos sin la necesidad de intermediarios. Estas plataformas, a menudo con tarifas mucho más bajas que los corredores tradicionales, han abierto la puerta a millones de nuevos inversores.

Por ejemplo, aplicaciones como Robinhood en Estados Unidos o eToro en Europa, permiten a los usuarios invertir en una amplia variedad de activos, desde acciones hasta criptomonedas, con tarifas mínimas o incluso nulas. Estas plataformas han simplificado el proceso, haciendo que invertir sea tan fácil como hacer unos pocos clics en un smartphone.

Inversiones fraccionadas y microinversiones

Otra innovación que ha impulsado la democratización es la idea de inversiones fraccionadas. En lugar de comprar una acción completa, que podría costar cientos o incluso miles de dólares, las plataformas ahora permiten comprar fracciones de una acción. Esto significa que, con tan solo unos pocos dólares, cualquier persona puede tener una participación en empresas como Apple, Amazon o Google.

Las microinversiones van un paso más allá. Plataformas como Acorns o Moneybox permiten a los usuarios invertir pequeñas cantidades de dinero regularmente, incluso cantidades tan pequeñas como el redondeo del cambio de sus compras diarias. Con el tiempo, estas pequeñas sumas pueden sumar y ofrecer rendimientos significativos, especialmente cuando se combina con el poder del interés compuesto.

Educación y comunidad

La democratización no se trata solo de acceso; también se trata de educación. Muchas de las nuevas plataformas de inversión ofrecen recursos educativos para sus usuarios. Desde tutoriales hasta webinars, pasando por foros y chats comunitarios, los inversores novatos tienen una amplia gama de herramientas a su disposición para aprender y crecer.

Además, comunidades en línea en sitios como Reddit, en subforos como r/investing o r/wallstreetbets, han proporcionado un espacio para que los inversores discutan estrategias, compartan noticias y se apoyen mutuamente. Aunque estos foros deben ser navegados con precaución y discernimiento, no se puede negar el papel que han jugado en democratizar el acceso a la información y las estrategias de inversión.

Desafíos de la democratización

A pesar de sus numerosos beneficios, la democratización de las inversiones también presenta desafíos. El fácil acceso puede llevar a decisiones impulsivas o poco informadas. La volatilidad impulsada por el comportamiento de masas, como se vio con el fenómeno GameStop en 2021, muestra cómo la inversión impulsada por las redes sociales puede causar rápidas subidas y caídas en el mercado.

Además, mientras que las tarifas más bajas son beneficiosas, algunos críticos argumentan que la falta de intermediarios expertos puede llevar a errores costosos para los inversores inexpertos.

Mirando hacia el futuro

La democratización de las inversiones es un fenómeno en marcha. A medida que la tecnología avanza y más personas en todo el mundo obtienen acceso a internet y educación financiera, es probable que veamos un continuo aumento en el número de inversores minoristas.

Es esencial que, a medida que crece el acceso, también lo haga la educación y la regulación. Las plataformas de inversión tienen la responsabilidad de proporcionar a sus usuarios las herramientas y recursos necesarios para tomar decisiones informadas. Al mismo tiempo, los reguladores deben garantizar que los mercados permanezcan justos y transparentes para todos los participantes.

La democratización de las inversiones representa uno de los cambios más significativos en el panorama financiero contemporáneo. Atrás quedan los días en los que los mercados eran dominio exclusivo de instituciones y de aquellos con grandes capitales. Hoy, gracias a la tecnología y la educación, la inversión ha abierto sus puertas a un público mucho más amplio, permitiendo a las personas de todos los niveles socioeconómicos participar activamente en la construcción de su futuro financiero.

Esta apertura no solo ha democratizado el acceso a las inversiones, sino que también ha impulsado una ola de innovación en servicios financieros. Las plataformas digitales, las inversiones fraccionadas y las microinversiones son solo algunas de las innovaciones que han nacido de esta nueva era. Estas herramientas han permitido que la inversión sea más accesible, pero también han introducido nuevas formas de interacción y colaboración entre inversores, generando comunidades en línea donde se comparten estrategias, se debaten ideas y se brinda apoyo mutuo.

No obstante, es vital reconocer que, con todo el entusiasmo y las oportunidades que esta democratización trae consigo, también vienen responsabilidades y riesgos. La facilidad para invertir puede ser una espada de doble filo: por un lado, permite a más personas aprovechar el potencial de los mercados, pero por otro, puede dar lugar a decisiones apresuradas o poco informadas. La educación financiera, por lo tanto, no es solo deseable, sino esencial en este nuevo panorama. Las personas no solo deben tener acceso a herramientas de inversión, sino también a la formación y recursos necesarios para usar esas herramientas de manera efectiva y segura.

Finalmente, mientras miramos hacia el horizonte de lo que depara el futuro para el mundo de las inversiones, es evidente que estamos presenciando solo el comienzo de esta revolución. A medida que más innovaciones emergen y la tecnología avanza, el paisaje financiero seguirá evolucionando. Sin embargo, el núcleo de esta transformación, la idea de que las inversiones deben ser un derecho y no un privilegio, probablemente permanecerá en el corazón de la industria mientras se forja el camino hacia un futuro más inclusivo y equitativo.

8.3 Educación financiera en el contexto fintech

La revolución fintech ha abierto un amplio abanico de oportunidades en el mundo financiero. Sin embargo, con estas oportunidades también surgen desafíos, y uno de los más prominentes es la necesidad de una educación financiera adecuada. Antes de la era digital, las finanzas eran, en muchos aspectos, un mundo aparte, reservado para expertos y profesionales del sector. Pero con la aparición de las fintech, el acceso a servicios y herramientas financieras se ha democratizado, y con ello surge la imperativa necesidad de que la población en general entienda y sepa cómo gestionar sus finanzas.

La importancia de la educación financiera

La educación financiera se ha convertido en una herramienta crucial para empoderar a las personas a tomar decisiones informadas sobre su dinero. En un mundo donde las decisiones financieras pueden tener un impacto significativo en la calidad de vida, es esencial que las personas comprendan los conceptos básicos, desde cómo funciona un préstamo hasta cómo diversificar una cartera de inversiones.

Un ejemplo claro de esta necesidad se puede ver en el crecimiento de las criptomonedas. Estas monedas digitales, respaldadas por tecnología blockchain, ofrecen oportunidades de inversión únicas, pero también presentan riesgos significativos. Sin una comprensión adecuada de cómo funcionan, muchos inversores novatos pueden encontrarse atrapados en esquemas de inversión poco fiables o tomar decisiones que no están alineadas con sus objetivos a largo plazo.

Las fintech como facilitadoras de la educación financiera

Las empresas fintech no solo han revolucionado la forma en que accedemos a los servicios financieros, sino que también han tomado la iniciativa en la educación financiera. Muchas plataformas ofrecen recursos educativos, desde webinars hasta tutoriales y artículos detallados, para ayudar a sus usuarios a comprender mejor los productos y servicios que están utilizando.

Por ejemplo, muchas plataformas de inversión robo-advisor no solo proporcionan herramientas para invertir automáticamente, sino que también ofrecen materiales educativos para que los usuarios comprendan los principios básicos de la inversión, cómo funciona la diversificación y cuál es la importancia de la tolerancia al riesgo.

El papel de las instituciones y el sistema educativo

No podemos depender únicamente de las fintech para proporcionar educación financiera. Las instituciones educativas, desde escuelas primarias hasta universidades, tienen un papel fundamental en la formación de individuos financieramente competentes. Introducir conceptos financieros básicos en el currículo escolar puede sentar las bases para una comprensión más profunda en etapas posteriores de la educación.

El hecho es que la mayoría de las personas se gradúan de la escuela sin tener una comprensión clara de conceptos tan básicos como el interés compuesto, cómo funciona una hipoteca o la importancia de ahorrar para la jubilación. Incorporar estos conceptos en la educación desde una edad temprana podría transformar la forma en que las futuras generaciones interactúan con el mundo financiero.

Tecnologías emergentes y su impacto en la educación financiera

El mundo fintech está en constante evolución, con nuevas tecnologías y soluciones emergiendo a un ritmo vertiginoso. Inteligencia artificial, machine learning, blockchain y otras tecnologías están redefiniendo el paisaje financiero. Con estas tecnologías emergentes, la educación financiera debe adaptarse y evolucionar.

Por ejemplo, la inteligencia artificial puede ser utilizada para personalizar la educación financiera, adaptando los recursos y herramientas a las necesidades individuales de cada persona. Si una plataforma fintech reconoce que un usuario muestra un interés particular en la inversión en bienes raíces, podría ofrecerle recursos educativos específicos relacionados con ese tema.

Desafíos en la educación financiera

A pesar de las oportunidades que la tecnología fintech presenta para la educación financiera, también hay desafíos significativos. Uno de los principales desafíos es la información errónea o engañosa. En un mundo digital, la información fluye libremente, pero no siempre es precisa. Las personas deben aprender a discernir entre fuentes confiables y aquellas que podrían llevarlos por mal camino.

Además, la sobrecarga de información puede ser abrumadora. Con tantos recursos disponibles, puede ser difícil para las personas saber por dónde empezar o qué información es relevante para sus circunstancias personales.

Hacia un futuro financieramente educado

Imaginemos un futuro en el que cada individuo, independientemente de su origen socioeconómico, tiene acceso no solo a herramientas financieras avanzadas sino también al conocimiento necesario para utilizar esas herramientas de manera efectiva. Este es el futuro que muchas fintech y educadores aspiran a crear.

Mientras avanzamos hacia ese futuro, es esencial que la educación financiera se mantenga al día con las innovaciones en el sector fintech. Los educadores, las instituciones y las propias fintech deben trabajar juntos para garantizar que, a medida que el mundo financiero se transforma, las personas no se queden atrás.

Es fundamental recordar que, si bien la tecnología y las fintech son herramientas poderosas, el núcleo de la educación financiera es humano. Se trata de empoderar a las personas, de dotarlas de las habilidades y el conocimiento que necesitan para tomar decisiones financieras informadas y construir un futuro más seguro y próspero. Es una inversión en la gente, y los retornos, en forma de una sociedad más informada y financieramente saludable, son incalculables.

8.4 Riesgos y oportunidades en las fintech

Dentro del emocionante y a menudo impredecible universo de las fintech, las oportunidades y los riesgos conviven en una relación simbiótica, trazando una hoja de ruta que esculpe continuamente el panorama financiero del siglo XXI. Es un mundo que se despliega ante nosotros con una velocidad y fervor sin precedentes. En una era dominada por la tecnología, las fintech representan una confluencia perfecta entre la innovación tecnológica y las finanzas tradicionales, llevando a las transacciones y servicios financieros a nuevos horizontes de eficiencia, accesibilidad y alcance global.

Es cierto que las fintech han revolucionado la manera en que operamos, desde cómo hacemos pagos cotidianos hasta cómo decidimos invertir nuestro dinero. Plataformas digitales, monedas virtuales, préstamos peer-to-peer y robots asesores, entre otros, han irrumpido en el mercado con promesas de transparencia, eficiencia y democratización. Pero al igual que un avión despegando a toda velocidad, la excitación del despegue va acompañada de la innegable presencia de riesgos.

Por un lado, las ventajas y oportunidades que presentan las fintech son, sin lugar a dudas, el motivo de su rápida adopción. Los bancos tradicionales, a menudo vistos como instituciones monolíticas y lentas para adaptarse al cambio, se encontraron de repente compitiendo con startups ágiles que no estaban limitadas por la burocracia o la infraestructura física. Estas nuevas empresas han demostrado que es posible brindar servicios financieros a un costo menor, con una eficiencia superior y, en muchos casos, con una mejor experiencia para el usuario. Además, han abierto puertas a segmentos de la población que antes estaban desatendidos o directamente excluidos del sistema financiero tradicional.

Sin embargo, esta rápida innovación y adopción trae consigo su propio conjunto de desafíos. Las mismas características que hacen que las fintech sean atractivas, como su naturaleza digital y su capacidad para operar más allá de las fronteras tradicionales, también las hacen vulnerables a una serie de riesgos. Cuestiones como la ciberseguridad, la privacidad de los datos y la volatilidad, especialmente en el ámbito de las criptomonedas, no pueden ser pasadas por alto. Además, en un sector tan nuevo y en rápida evolución, la regulación a menudo lucha por mantenerse al día, dejando tanto a los consumidores como a las empresas en un territorio poco claro.

Al observar esta dualidad entre oportunidades y riesgos, es imposible no maravillarse ante la promesa de las fintech y, al mismo tiempo, ser cauteloso ante sus desafíos. La integración de la tecnología en las finanzas no es solo una tendencia pasajera, sino una transformación fundamental de cómo se llevan a cabo los negocios en esta era. Y, como ocurre con cualquier transformación de tal magnitud, es esencial abordarla con una combinación de entusiasmo y prudencia.

1. Oportunidades

- **Amplio acceso a servicios financieros:** *Las fintech, aprovechando las plataformas digitales, han facilitado el acceso a servicios financieros a comunidades previamente desatendidas. En áreas donde los bancos físicos son escasos, las soluciones de banca móvil ofrecen un medio para* transacciones, ahorros y préstamos sin largos desplazamientos.

- **Innovación continua:** *Las fintech han introducido una variedad de soluciones financieras diseñadas específicamente según las necesidades del consumidor moderno. Desde tarjetas de crédito digitales hasta préstamos entre pares y robo-advisors, las fintech han redefinido y enriquecido la oferta de servicios financieros.*

- **Costos operativos reducidos:** *Al minimizar intermediarios y operar predominantemente en línea, muchas fintech han recortado significativamente los costos, lo que a menudo se traduce en tarifas más bajas y mejores rendimientos para el cliente.*

- **Transparencia incrementada:** *Las fintech, con sus interfaces de usuario intuitivas, a menudo proporcionan un alto grado de transparencia, permitiendo a los usuarios gestionar y entender sus finanzas de manera más efectiva.*

2. Riesgos

- **Preocupaciones de seguridad cibernética:** *A pesar de las robustas inversiones en medidas de seguridad, las fintech no están inmunes a los ciberataques. Las brechas de seguridad pueden poner en riesgo datos personales o fondos.*

- **Ambigüedad regulatoria:** *A diferencia de las instituciones bancarias tradicionales, muchas fintech operan en áreas regulatorias menos definidas, lo que puede exponer a los usuarios a riesgos imprevistos o a la volatilidad en ciertos instrumentos financieros.*

- **Dependencia de la tecnología:** *Las fintech, al estar profundamente arraigadas en la tecnología, son vulnerables a interrupciones o fallos técnicos que pueden afectar a los usuarios.*

- **Riesgo de sobreendeudamiento:** *Las fintech que ofrecen fácil acceso a créditos pueden incentivar a algunos* usuarios a adquirir más deuda de la que pueden gestionar, llevándolos a una espiral de endeudamiento.

- **Desafíos en educación financiera:** *La falta de comprensión adecuada de las herramientas y servicios puede conducir a decisiones financieras erróneas, subrayando la necesidad de una educación financiera efectiva.*

Casos de estudio

Caso 1: *John, un ingeniero de software en una ciudad cosmopolita, se topa con una aplicación de microinversiones. Encantado con la idea de invertir el cambio sobrante, inicia su viaje de inversión. Sin embargo, no está completamente familiarizado con los activos en los que está invirtiendo. A pesar de un comienzo prometedor, se alarma cuando el mercado experimenta una caída. Este caso destaca la dualidad de la fácil accesibilidad y la necesidad de educación financiera.*

Caso 2: *Emily, una emprendedora en ciernes, está buscando capital para lanzar su startup. Descubre una fintech que ofrece préstamos entre pares a tasas atractivas. El proceso es rápido y digital, y pronto recibe los fondos. Sin embargo, unos meses más tarde, la plataforma es víctima de un ciberataque, y la información personal de Emily queda expuesta. Aquí, las ventajas del acceso fácil al crédito se ven opacadas por las preocupaciones de seguridad.*

Navegar por el universo fintech requiere equilibrio y precaución. Las ventajas son muchas, ofreciendo soluciones innovadoras y democratizando el acceso a servicios financieros. Pero como con cualquier innovación, los riesgos son parte integral del paquete. Al entender y gestionar activamente estos riesgos, y al fomentar la educación financiera, podemos aspirar a un futuro financiero que no solo sea avanzado tecnológicamente, sino también seguro y equitativo para todos.

El dinamismo de la era digital ha transformado no solo la manera en que nos comunicamos, trabajamos y nos socializamos, sino también cómo manejamos y conceptualizamos el dinero. La revolución fintech, como hemos explorado, se encuentra en el cruce de la tecnología y las finanzas, dando forma a una nueva dimensión del mundo financiero. Sin embargo, con cada paso hacia el futuro, se nos recuerda que las herramientas y tecnologías no son finales en sí mismas, sino medios para un fin.

La verdadera esencia de este cambio radica en la gente: en aquellos innovadores que idean soluciones, en los consumidores que adaptan y adoptan nuevas prácticas y en los reguladores que equilibran la innovación con la seguridad. Es una danza colectiva de progreso, adaptación y aprendizaje.

Así, al cerrar este capítulo, reflexionemos sobre nuestro papel individual en este vasto ecosistema. Seamos siempre aprendices, curiosos y críticos. En la intersección de las finanzas y la tecnología, tenemos el potencial no solo de ser testigos, sino también de ser participantes activos en la construcción de un futuro más inclusivo, eficiente y sostenible. En adelante, mientras exploramos más dimensiones del mundo financiero en los siguientes capítulos, llevemos con nosotros las lecciones y perspectivas adquiridas aquí, utilizando esta base como piedra angular para un entendimiento más profundo y matizado.

Capítulo 9

Geopolítica y su Impacto en la Inversión Global

El intrincado tapiz del sistema global se teje con hilos de política, economía, cultura, y, de manera crucial, geopolítica. La geopolítica, entendida como el estudio de los efectos de la geografía (humana y física) sobre la política internacional y las relaciones internacionales, ha desempeñado históricamente un papel central en la formación y transformación de naciones y mercados. Las decisiones tomadas en las salas de conferencias de las Naciones Unidas, en las reuniones bilaterales entre líderes mundiales o en

los gabinetes secretos de los gobiernos pueden enviar ondas de choque a través de los mercados financieros globales, redefiniendo el paisaje de inversión en cuestión de minutos.

En la era de la globalización, donde las economías están intrínsecamente interconectadas, un cambio en una región puede tener efectos dominó en otra. La caída de una moneda aquí, un cambio en la política comercial allá, o incluso un levantamiento social en un país distante, pueden influir significativamente en la salud y estabilidad de los mercados mundiales. En este sentido, ningún inversor puede darse el lujo de operar en el vacío; es esencial estar bien versado en los acontecimientos globales y entender cómo estos pueden impactar en el valor de las inversiones.

Para quienes buscan capitalizar las oportunidades y navegar a través de las tempestades de la inversión internacional, un profundo conocimiento de la geopolítica es más que un activo: es una necesidad. Los riesgos geopolíticos, desde conflictos armados hasta sanciones económicas, pasando por tensiones diplomáticas y cambios en regímenes políticos, tienen la capacidad de alterar el curso de los mercados financieros, a veces con consecuencias de largo alcance.

Este capítulo se sumerge en la compleja relación entre la geopolítica y la inversión global. Abordaremos cómo los eventos geopolíticos pueden afectar las decisiones de inversión y examinaremos las estrategias que los inversores pueden emplear ante escenarios de incertidumbre política y económica. Además, ilustraremos la teoría con casos de estudio geopolíticos que han reconfigurado el panorama de inversión en el pasado reciente.

La inversión siempre ha sido tanto un arte como una ciencia. Requiere una combinación de análisis técnico, comprensión del comportamiento humano y, cada vez más, una apreciación de los matices geopolíticos. A medida que avanzamos en este capítulo, adentrémonos en esta intersección de política y finanzas, equipándonos con el conocimiento necesario para tomar decisiones informadas en un mundo cada vez más interconectado y complejo.

9.1 Impacto de eventos geopolíticos en inversiones.

Los eventos geopolíticos, en su esencia, pueden ser considerados como cambios significativos en las relaciones internacionales, ya sea por disputas territoriales, intervenciones militares, tensiones diplomáticas o cambios políticos. Estos eventos, ya sean anticipados o inesperados, tienen un poder innegable sobre la percepción y la realidad de la estabilidad económica global. Pero, ¿cómo exactamente impactan en las inversiones?

- **Volatilidad del mercado:** *Uno de los efectos inmediatos de un evento geopolítico es la volatilidad en los mercados financieros. Por ejemplo, anuncios sobre sanciones económicas contra una nación pueden desencadenar un rápido descenso en la valoración de sus activos. Los inversores, en un intento de mitigar riesgos, podrían decidir vender sus acciones, bonos u otros activos relacionados con ese país, provocando una caída en los precios.*
- **Cambio en el apetito de riesgo:** *La percepción de riesgo es fundamental en el mundo de las inversiones. Eventos geopolíticos, como conflictos armados o tensiones diplomáticas, pueden hacer que los inversores se sientan más reacios al riesgo. Esto podría traducirse en un traslado de inversiones desde mercados emergentes o volátiles hacia opciones consideradas más seguras, como bonos del tesoro de países estables.*
- **Fluctuaciones en el comercio y la cadena de suministro:** *Eventos geopolíticos pueden llevar a interrupciones en las rutas comerciales. Por ejemplo, un conflicto en un punto estratégico como el Canal de Suez podría obstaculizar el comercio marítimo, afectando las*

cadenas de suministro y elevando los costos para las empresas.

- **Impacto en divisas:** *La fuerza de una moneda está intrínsecamente ligada a la percepción de la estabilidad y salud económica de su país. Eventos geopolíticos pueden provocar fuertes movimientos en los tipos de cambio. Por ejemplo, la decisión de Reino Unido de abandonar la Unión Europea (Brexit) llevó a una significativa depreciación de la libra esterlina.*

- **Efecto en tasas de interés:** *Los bancos centrales, en respuesta a crisis geopolíticas, pueden optar por modificar las tasas de interés para estabilizar la economía. Estas modificaciones pueden influir en la atracción o salida de capital extranjero, afectando a su vez el mercado de valores y el sector inmobiliario.*

- **Revisión de estimaciones de crecimiento:** *Las instituciones financieras, al observar el panorama geopolítico, pueden revisar sus proyecciones sobre el crecimiento económico de un país o región. Estas revisiones pueden influir en las decisiones de inversión a largo plazo.*

Mientras que algunos inversores ven los eventos geopolíticos como amenazas, otros los ven como oportunidades. Las caídas en el mercado pueden ser vistas como momentos propicios para comprar activos a precios bajos. Sin embargo, esta estrategia requiere un profundo entendimiento del evento en cuestión y una evaluación cuidadosa del riesgo involucrado.

9.2 Estrategias ante la incertidumbre política y económica.

Navegar en el volátil océano de las finanzas internacionales se ha convertido en una tarea cada vez más desafiante debido a la creciente interconexión de las economías y a las constantes oscilaciones geopolíticas que alteran el rumbo de las inversiones. En este contexto, adoptar una estrategia adecuada ante la incertidumbre política y económica no solo es prudente, sino esencial para cualquier inversor que aspire a proteger y aumentar su patrimonio. Comprender el alcance y las ramificaciones de los cambios geopolíticos, así como diseñar tácticas para abordarlos, es una habilidad invaluable en el moderno mundo de las inversiones.

Diversificación geográfica: Es una máxima del mundo financiero que no se debe poner todos los huevos en una sola canasta. Esta regla no solo se aplica a la variedad de activos, sino también a su distribución geográfica. Al dispersar las inversiones en diferentes regiones, se mitiga el riesgo de que un evento geopolítico en un área particular afecte de manera desproporcionada la totalidad del portafolio.

Monitorización activa de noticias: Vivimos en una era de información instantánea, y estar al tanto de los desarrollos geopolíticos es más accesible que nunca. Con el advenimiento de la tecnología y las redes sociales, los inversores pueden recibir actualizaciones en tiempo real, lo que les permite reaccionar rápidamente a situaciones cambiantes.

Apoyo en asesores y expertos: A veces, la interpretación de eventos geopolíticos puede requerir una comprensión más profunda que la que un inversor promedio pueda tener. Aquí es donde un asesor financiero o un experto en relaciones internacionales puede aportar valiosa claridad. Su perspectiva y experiencia pueden ayudar a desentrañar las complejidades y anticipar posibles repercusiones.

Inversiones en activos refugio: Durante tiempos de incertidumbre, los activos refugio como el oro, el yen japonés o los bonos del tesoro de EE. UU. suelen ser buscados por inversores. Estos activos tienden a mantener su valor, o incluso apreciarse, cuando otros mercados están en declive.

Diversificación de activos: *Además de diversificar geográficamente, es vital diversificar entre diferentes tipos de activos. Acciones, bonos, bienes raíces, commodities y monedas, todos reaccionan de manera diferente a los eventos geopolíticos. Esta diversidad puede ayudar a equilibrar las ganancias y pérdidas.*

Establecimiento de un horizonte de inversión claro: *Es crucial entender si la estrategia de inversión es a corto, medio o largo plazo. Los eventos geopolíticos pueden tener impactos significativos a corto plazo pero ser menos relevantes en una perspectiva de décadas.*

Adopción de un enfoque proactivo: *En lugar de reaccionar a los eventos después de que ocurren, los inversores pueden adoptar un enfoque proactivo, anticipando posibles escenarios y diseñando estrategias en consecuencia. Esta anticipación puede incluir la identificación de mercados emergentes o de nichos que podrían beneficiarse de ciertos desarrollos geopolíticos.*

Es importante recordar que cada inversor tiene un perfil de riesgo único. Lo que puede ser una estrategia adecuada para uno podría no serlo para otro. Además, la geopolítica es sólo uno de los muchos factores que pueden influir en las decisiones de inversión. Sin embargo, dada su capacidad para remodelar rápidamente el paisaje económico mundial, es un factor que no puede ser ignorado.

A medida que el mundo continúa cambiando y evolucionando, también lo hacen las oportunidades y desafíos que enfrentan los inversores. En este intrincado baile de naciones, economías y políticas, el conocimiento profundo y una estrategia sólida pueden ser el faro que guíe a los inversores a través de las aguas tumultuosas de la geopolítica. Y mientras enfrentamos la constante certeza de la incertidumbre, recordemos que con la preparación adecuada y una visión clara, es posible no solo navegar, sino también prosperar en el complejo mundo de las inversiones globales.

9.3 Casos de estudio geopolíticos

La geopolítica ha demostrado una y otra vez ser una fuerza que tiene la capacidad de remodelar regiones, naciones e incluso la economía global. Analizar ejemplos concretos nos permite entender no sólo cómo operan estos eventos en el escenario mundial, sino también cómo afectan las inversiones a nivel micro y macro. Estudiar estos casos es crucial, ya que permite a los inversores prepararse para el futuro, aprendiendo de los patrones y las tendencias del pasado. A continuación, nos sumergiremos en varios de estos casos que han tenido repercusiones significativas en los mercados financieros y en la economía global.

Caso 1: El Brexit y el Mercado Europeo

En 2016, en un movimiento que tomó por sorpresa a muchos expertos y analistas, el Reino Unido votó para abandonar la Unión Europea. El impacto en los mercados fue inmediato: la libra esterlina sufrió una caída histórica, y las bolsas de todo el mundo experimentaron volatilidad. Emma Thompson, una inversora de mediana edad de Liverpool, había diversificado su cartera en acciones europeas. Cuando el referéndum del Brexit fue anunciado, Emma decidió reevaluar su portafolio, vendiendo algunas de sus inversiones en empresas basadas en el continente y reinvirtiendo en el mercado local y en activos refugio. La decisión de Emma demostró ser acertada, ya que muchas empresas británicas, a pesar de la incertidumbre inicial, se recuperaron más rápido que sus contrapartes europeas. Sin embargo, a largo plazo, el Brexit sigue siendo una incógnita en cuanto a sus verdaderas repercusiones económicas.

Caso 2: Tensiones entre Estados Unidos y China

La guerra comercial entre Estados Unidos y China, iniciada en 2018, perturbó la armonía económica global. Las tarifas y las represalias afectaron a numerosos sectores, desde la tecnología hasta la agricultura. John Whitaker, un inversor de Nueva York con una cartera significativa de acciones en empresas de tecnología, se vio particularmente afectado cuando las restricciones comerciales comenzaron a golpear a las empresas tecnológicas. Previendo más turbulencia, John diversificó, invirtiendo en mercados emergentes y en industrias no afectadas directamente por la guerra comercial. Su previsión permitió mitigar algunas de las pérdidas que sufrieron otros en su sector y le brindó nuevas oportunidades de crecimiento en áreas anteriormente no exploradas.

Caso 3: Crisis en el Medio Oriente y el Petróleo

La volatilidad en el Medio Oriente ha sido una constante durante décadas. Los conflictos en la región a menudo resultan en fluctuaciones significativas en el precio del petróleo. Sarah O'Connell, una inversora de Texas con intereses en el sector energético, siempre ha estado atenta a las tensiones en el Medio Oriente. Después de un ataque a una instalación petrolera en Arabia Saudita en 2019, Sarah decidió diversificar sus inversiones, expandiéndose a energías renovables y otras fuentes de energía. Aunque el petróleo sigue siendo un recurso valioso, la diversificación le proporcionó a Sarah una red de seguridad contra futuras fluctuaciones.

La geografía del mundo económico es tan compleja y variada como la geografía política. Al igual que montañas y valles pueden determinar el curso de un río, los eventos geopolíticos pueden canalizar y dirigir el flujo de capital y las inversiones. Pero, al igual que un río puede ser navegado con éxito con el conocimiento y la preparación adecuados, los inversores pueden, con una comprensión profunda y una planificación cuidadosa, navegar con *éxito el complicado paisaje de las inversiones en un mundo geopolíticamente cargado.*

La lección más importante que podemos extraer de estos casos es que la anticipación, la diversificación y el conocimiento son esenciales para enfrentar la incertidumbre. Aunque el futuro es intrínsecamente impredecible, aquellos que se preparan y se adaptan rápidamente a los cambios siempre tendrán ventaja en el escenario global. En este teatro de eventos mundiales, el inversor astuto no es simplemente un espectador pasivo, sino un actor proactivo, siempre listo para desempeñar su papel con destreza y confianza. En última instancia, el mundo de las inversiones, influenciado como es por la geopolítica, requiere no sólo conocimientos financieros, sino también una comprensión profunda y matizada del mundo en sí mismo. Es un juego de ajedrez en una escala global, donde cada movimiento tiene el potencial de cambiar el equilibrio de poder y de riqueza.

Mientras navegamos por la vastedad del tablero global de inversiones, es evidente que las fuerzas geopolíticas actúan como los vientos cambiantes en un océano financiero. Aunque cada episodio geopolítico y cada decisión de inversión tienen sus particularidades, hay una constante que los une: la interconexión inherente de nuestro mundo moderno. A medida que las fronteras se vuelven más porosas y las economías más interdependientes, cada decisión tomada en una capital lejana, cada elección de un electorado, tiene el potencial de enviar ondas a través de los mares financieros.

Los inversores, armados con el conocimiento, la perspicacia y, lo más importante, la voluntad de adaptarse, tienen la oportunidad de no sólo sobrevivir en este entorno complejo, sino también de prosperar. La clave es mantenerse informado, ser adaptable y recordar que en el mundo interconectado de hoy, la comprensión global es tan crucial como la financiera. Esta dualidad es la esencia del siglo XXI, donde las finanzas y la geopolítica se entrelazan de formas que nuestros antepasados nunca podrían haber imaginado.

Y así, al cerrar este capítulo, invitó a los inversores y lectores a mirar el mundo no sólo como una serie de mercados y oportunidades, sino también como un tejido intrincado de historias, culturas y decisiones humanas. En este vasto mosaico, cada pieza tiene su lugar y su significado, y es nuestra tarea, como actores en esta gran obra, entender cómo encajan juntas, para poder trazar el mejor curso hacia un futuro próspero y seguro.

Capítulo 10

Mercados Emergentes y Oportunidades en Desarrollo

La evolución de la economía global ha dado paso a un escenario dinámico y diverso en el que los tradicionales gigantes económicos ya no son los únicos protagonistas. Con la llegada de la revolución tecnológica y la globalización, naciones anteriormente etiquetadas como "en vías de desarrollo" han empezado a desplegar un potencial económico impresionante. Estos son los mercados emergentes, regiones que, aunque enfrentan desafíos significativos,

también presentan oportunidades de inversión con un potencial de crecimiento exponencial.

La narrativa económica ha cambiado. No hace mucho tiempo, cuando se hablaba de inversión, las miradas se dirigían inmediatamente hacia las economías establecidas: Estados Unidos, Europa Occidental, Japón, entre otros. Sin embargo, en el siglo XXI, esta perspectiva se ha ampliado. Ahora, es común que las discusiones financieras se centren en naciones como China, India, Brasil, Rusia, México, Indonesia y muchos otros países que están desafiando las estructuras económicas convencionales y delineando un nuevo mapa financiero.

Estos mercados emergentes no solo ofrecen nuevas oportunidades para los inversores, sino que también están redefiniendo la forma en que entendemos la economía y la inversión. Están impulsando innovaciones, adoptando tecnologías con una velocidad asombrosa y, en muchos casos, estableciendo nuevos estándares para la industria y la regulación. Las historias de éxito que emergen de estas regiones son testimonios del espíritu emprendedor y de la resiliente capacidad de adaptación de sus poblaciones.

Pero, como en toda oportunidad, invertir en estos mercados también conlleva sus riesgos. Las particularidades políticas, sociales y económicas de cada nación presentan desafíos únicos para los inversores. La volatilidad puede ser más pronunciada, y la falta de transparencia y regulación en ciertas áreas puede hacer que el camino hacia el éxito sea arduo.

Por lo tanto, es fundamental abordar la inversión en mercados emergentes con una perspectiva bien informada y estratégica. Aquellos que logren comprender las complejidades y particularidades de estos mercados estarán en una posición privilegiada para capitalizar sus oportunidades y minimizar los riesgos.

En este capítulo, nos adentraremos en el fascinante mundo de los mercados emergentes, desvelando sus características, las oportunidades que ofrecen, los retos que presentan y compartiendo casos de estudio que ejemplifican su dinámica única. Nuestro viaje nos llevará desde las bulliciosas calles de Mumbai hasta las innovadoras empresas tecnológicas de Shenzhen, pasando por los centros financieros en rápido desarrollo de la Ciudad de México y Sao Paulo.

Con un enfoque equilibrado y una visión clara, vamos a explorar cómo los mercados emergentes están moldeando el futuro económico global y cómo los inversores pueden navegar con éxito en estas aguas, a menudo turbulentas, pero siempre prometedoras.

10.1 Definición y características de los mercados emergentes.

La naturaleza cambiante de la economía global ha propiciado que surjan nuevas regiones y países que, aunque anteriormente eran considerados periféricos o de menor impacto, han ganado relevancia en la escena financiera internacional. A estos países se les conoce como mercados emergentes, pero ¿qué define exactamente a un mercado emergente y cuáles son sus características más distintivas?

Los mercados emergentes se pueden describir como economías nacionales en transición, situadas entre las categorías de "en desarrollo" y "desarrolladas". Estas economías están evolucionando hacia una mayor integración con los mercados globales, adoptando sistemas financieros más avanzados y experimentando un crecimiento acelerado en comparación con las economías desarrolladas.

Aunque no existe un consenso absoluto sobre cuáles países se consideran estrictamente como emergentes, instituciones como el

Banco Mundial, el Fondo Monetario Internacional y el índice MSCI han proporcionado listas y criterios que ayudan a categorizarlos. A menudo, se toman en cuenta factores como el PIB per cápita, la industrialización, la liquidez de los mercados de capitales y la apertura económica.

A continuación, se presentan algunas de las características más representativas de los mercados emergentes:

- **Crecimiento económico acelerado**: *Estas economías suelen experimentar tasas de crecimiento superiores a las de los mercados desarrollados, impulsadas por la industrialización, el aumento de la inversión extranjera y la expansión de la clase media.*
- **Mayor volatilidad**: *Aunque presentan oportunidades lucrativas, los mercados emergentes tienden a ser más volátiles. Esta volatilidad puede estar influenciada por factores políticos, eventos económicos globales y condiciones internas cambiantes.*
- **Diversificación sectorial**: *A medida que crecen y se desarrollan, los mercados emergentes suelen diversificar sus economías, pasando de depender principalmente de la exportación de materias primas a una variedad más amplia de sectores, incluidos los servicios, la tecnología y la manufactura.*
- **Demografía joven y en crecimiento**: *Muchos mercados emergentes tienen poblaciones jóvenes y en rápido crecimiento. Esta demografía puede impulsar el consumo interno y ofrecer una fuerza laboral abundante y dinámica.*
- **Reformas y apertura económica**: *Con el deseo de atraer inversiones y mejorar su posición en el escenario global, estos países a menudo implementan reformas para liberalizar sus economías, mejorar la transparencia y fortalecer sus sistemas legales y regulatorios.*
- **Desafíos de infraestructura y regulación**: *Aunque están avanzando rápidamente, muchos mercados*

emergentes todavía enfrentan desafíos en términos de infraestructura y marcos regulatorios. Esto puede presentar tanto oportunidades (en términos de inversiones en infraestructura) como desafíos (navegar por regulaciones menos claras o cambiantes).

Es esencial entender que, si bien comparten ciertas similitudes, cada mercado emergente es único, con sus propias oportunidades, desafíos y particularidades culturales, políticas y económicas. La generalización puede ser útil para identificar tendencias y patrones, pero una comprensión detallada y profunda de cada economía es fundamental para cualquier estrategia de inversión exitosa en estas regiones.

10.2 Oportunidades de inversión y potencial de crecimiento en estas regiones

A medida que los mercados emergentes avanzan en su desarrollo y se integran más profundamente en el tejido de la economía global, se presentan vastas oportunidades para los inversores que buscan capitalizar el dinamismo y potencial latente de estas regiones. Desde el vasto paisaje de tecnologías emergentes en Asia hasta las industrias agrícolas en África y la expansión de servicios financieros en América Latina, la riqueza de posibilidades es vasta y diversa.

Oportunidades sectoriales*:*

- **Tecnología e innovación***: Países como China, India y Brasil se están convirtiendo en hubs tecnológicos, con start-ups y empresas en rápido crecimiento que abordan tanto las necesidades locales como las oportunidades globales. Las inversiones en e-commerce, fintech, salud digital y soluciones de tecnología educativa están floreciendo,* aprovechando las poblaciones masivas y la rápida adopción de tecnologías digitales.

- **Infraestructura**: *El crecimiento acelerado y la urbanización en muchos mercados emergentes exigen mejoras sustanciales en infraestructura. Desde carreteras, aeropuertos y puertos hasta redes eléctricas y telecomunicaciones, la necesidad de infraestructura moderna es inmensa, ofreciendo oportunidades sustanciales para inversionistas y desarrolladores.*

- **Consumo y venta minorista**: *Con el aumento de la clase media y la expansión de la juventud demográfica, los sectores de bienes de consumo y venta minorista están experimentando un auge. Se espera que marcas locales e internacionales se beneficien del aumento del poder adquisitivo y de una cultura de consumo en evolución.*

- **Agricultura y alimentos**: *En regiones como África subsahariana y ciertas partes de Asia, hay un enorme potencial en la agricultura, con oportunidades que van desde la tecnología agrícola hasta la producción y distribución de alimentos.*

- **Energía y recursos naturales**: *Países con vastos recursos naturales, ya sea minerales, petróleo o gas, ofrecen oportunidades en la extracción, procesamiento y comercialización de estos recursos. Además, con el impulso global hacia la sostenibilidad, la inversión en energías renovables en estos mercados presenta un potencial considerable.*

Inversiones temáticas y geográficas:

Además de los sectores específicos, los inversores pueden considerar enfoques temáticos y geográficos. Por ejemplo, la Iniciativa de la Franja y la Ruta de China está fomentando el desarrollo y la inversión en una amplia franja de países, creando corredores comerciales y oportunidades de inversión. Del mismo modo, iniciativas regionales en África o acuerdos comerciales en

América Latina pueden ofrecer perspectivas para inversiones temáticas.

Consideraciones sobre el potencial de crecimiento:

El potencial de crecimiento en los mercados emergentes es innegable, pero es crucial abordar este potencial con un entendimiento equilibrado. Mientras que las tasas de crecimiento del PIB pueden superar con creces las de las economías desarrolladas, estos mercados también pueden ser propensos a fluctuaciones más significativas. Es fundamental tener una visión a largo plazo y reconocer que, aunque las recompensas pueden ser sustanciales, también lo son los riesgos.

En última instancia, invertir en mercados emergentes requiere una combinación de investigación exhaustiva, una comprensión profunda de las particularidades locales y una disposición a adaptarse y aprender en un entorno en constante evolución. Con una estrategia bien informada y una perspectiva equilibrada, las oportunidades en estos mercados vibrantes y dinámicos pueden ofrecer recompensas significativas para aquellos dispuestos a embarcarse en el viaje.

10.3 Riesgos inherentes y estrategias para invertir en mercados emergentes.

Si bien los mercados emergentes son fuentes atractivas de oportunidades de inversión, también vienen acompañados de un conjunto único de desafíos y riesgos. Estos riesgos, que van desde la volatilidad política hasta la inestabilidad económica, exigen una estrategia y un enfoque cuidadosos por parte de los inversores. El éxito en estos mercados no solo se basa en identificar las oportunidades, sino también en navegar y mitigar eficazmente estos riesgos.

Riesgos asociados con los mercados emergentes:

- **Volatilidad política**: *Muchos mercados emergentes están sujetos a cambios políticos abruptos, ya sea debido a elecciones, conflictos internos o tensiones con naciones vecinas. Estos cambios pueden tener un impacto directo en el clima de inversión y en las regulaciones empresariales.*
- **Inestabilidad económica**: *Los mercados emergentes pueden ser propensos a ciclos económicos más extremos, con periodos de rápido crecimiento seguidos de recesiones profundas. Además, factores como la inflación, la deuda externa y las fluctuaciones de las divisas pueden presentar desafíos adicionales.*
- **Regulaciones y gobernabilidad**: *La infraestructura regulatoria en muchos mercados emergentes puede no estar tan desarrollada o ser tan transparente como en las economías avanzadas. Esto puede llevar a la falta de claridad en las normativas, corrupción o complicaciones en temas como la propiedad de activos.*
- **Desafíos en el mercado laboral**: *Desde la falta de habilidades especializadas hasta diferentes normativas laborales, los inversores pueden encontrar desafíos en la gestión y contratación de personal.*
- **Diferencias culturales**: *Las diferencias culturales pueden influir en la forma de hacer negocios, en las expectativas de los consumidores y en las prácticas comerciales en general.*

Estrategias para navegar estos riesgos:

- **Investigación exhaustiva**: *Antes de invertir, es fundamental llevar a cabo una investigación detallada del mercado objetivo, que incluya aspectos políticos, económicos, sociales y culturales. Una comprensión profunda del entorno local puede ayudar a anticipar y mitigar posibles riesgos.*

- **Diversificación geográfica**: *Al igual que con cualquier estrategia de inversión, la diversificación es esencial. Al invertir en varios mercados emergentes, se puede mitigar el riesgo asociado a cualquier evento adverso en una región específica.*
- **Alianzas locales**: *Establecer alianzas con socios locales que entiendan el mercado y sus particularidades puede ser invaluable. Estos socios pueden proporcionar insights sobre las regulaciones, la cultura empresarial y las oportunidades específicas del mercado.*
- **Enfoque a largo plazo**: *Los mercados emergentes, debido a su naturaleza, pueden ser más volátiles a corto plazo. Por lo tanto, tener una perspectiva a largo plazo y no reaccionar precipitadamente a las fluctuaciones temporales puede ser beneficioso.*
- **Monitoreo constante**: *Dada la dinámica en rápida evolución de los mercados emergentes, es esencial mantener un monitoreo constante de las condiciones del mercado, las noticias políticas y económicas y otros factores relevantes.*
- **Consultoría especializada**: *Considerar la ayuda de expertos y consultores que se especialicen en mercados emergentes puede proporcionar una ventaja significativa en la identificación y mitigación de riesgos.*

Si bien los mercados emergentes presentan un conjunto único de desafíos, también ofrecen oportunidades de crecimiento sin precedentes. Con una estrategia bien pensada, los inversores pueden capitalizar estas oportunidades mientras gestionan eficazmente los riesgos asociados.

10.4 Estudios de casos: Países y sectores líderes en crecimiento.

Para una comprensión efectiva de las dinámicas y potencialidades de los mercados emergentes, es imprescindible observar ejemplos tangibles de países y sectores que han mostrado un crecimiento notable. Estos estudios de caso nos proporcionan una visión clara de cómo diferentes regiones y sectores han enfrentado sus desafíos y han capitalizado sus fortalezas para lograr un desarrollo sobresaliente.

1. México: El gigante norteamericano y su diversidad económica

Historia y contexto: A lo largo de su historia, México ha experimentado diversas transformaciones económicas. Desde ser una economía agrícola a inicios del siglo XX, ha evolucionado para convertirse en una de las principales economías emergentes del mundo.

Sectores destacados: La manufactura, especialmente en sectores como el automotriz y la electrónica, ha sido fundamental para el crecimiento mexicano. El turismo, especialmente en zonas costeras, y la industria agroalimentaria (con productos como el aguacate y el tequila) también han registrado un desarrollo significativo.

Factores de éxito: Una posición geográfica estratégica, acuerdos comerciales, como el T-MEC, y una amplia diversidad de sectores productivos han sido claves en el crecimiento sostenido de México.

2. Vietnam: Un dragón ascendente en el Sudeste Asiático

Historia y contexto: Desde la apertura económica en la década de 1980, Vietnam ha experimentado un crecimiento constante. Las reformas, conocidas como "Doi Moi", permitieron una transición del sistema socialista de planificación central a una economía orientada al mercado.

Sectores destacados: La manufactura y la exportación han sido pilares del crecimiento vietnamita. Empresas de todo el mundo han establecido fábricas en Vietnam, especialmente en el sector textil y de la electrónica.

Factores de éxito: Una mano de obra joven y costeable, políticas de inversión favorables y una ubicación geográfica estratégica han sido clave en el éxito de Vietnam.

3. Nigeria: Una potencia africana con desafíos y oportunidades

Historia y contexto: Con la mayor población en África, Nigeria ha sido vista tanto por su riqueza en petróleo como por ser un mercado consumidor en crecimiento.

Sectores destacados: Aunque el petróleo ha sido históricamente el principal motor económico, sectores como las fintech, la agricultura y el entretenimiento, particularmente Nollywood (la industria cinematográfica nigeriana), han experimentado un crecimiento sustancial.

Factores de éxito: Una población joven y emprendedora, una creciente clase media y una economía diversificada han contribuido al crecimiento de Nigeria.

4. India: Una gigante tecnológica en ascenso

Historia y contexto: A pesar de enfrentar desafíos en términos de infraestructura y burocracia, India ha emergido como un centro global para IT y servicios tecnológicos.

Sectores destacados: La tecnología de la información, el software y el outsourcing de procesos empresariales han llevado a India a la vanguardia del escenario tecnológico global. Adicionalmente, el sector farmacéutico y automotriz también ha mostrado un crecimiento notable.

Factores de éxito: Una vasta población educada, fluidez en el inglés y costos laborales competitivos han sido cruciales para el auge tecnológico de India.

Con estos estudios de caso, se evidencia que cada mercado emergente tiene una combinación única de desafíos y oportunidades. Aunque los sectores de crecimiento pueden variar, la combinación de políticas adecuadas, recursos humanos y naturales, y adaptación a las circunstancias globales son constantes en las historias de éxito. Los inversores, con un conocimiento profundo y una estrategia clara, pueden encontrar en estos mercados valiosas oportunidades para el crecimiento y la diversificación.

Capítulo 11

La Intersección de la Cultura y las Inversiones: De las Zapatillas a las Obras de Arte Digitales

Nuestra comprensión tradicional de la inversión ha sido siempre, en gran medida, guiada por instrumentos financieros como acciones, bonos y bienes raíces. Sin embargo, el paisaje de las inversiones ha experimentado una profunda metamorfosis, en parte debido a la efervescencia cultural del siglo XXI. Una confluencia de tecnología, globalización y un cambio generacional ha reconfigurado las fronteras de lo que consideramos "valioso". Ahora, más que nunca, el mundo cultural se cruza, a veces de maneras insospechadas, con el mundo financiero.

Las zapatillas de edición limitada, los cómics, las cartas coleccionables y, recientemente, las obras de arte digitales han comenzado a rivalizar con los activos tradicionales en términos de rentabilidad. Este giro hacia lo cultural y lo intangible como formas de inversión destaca la evolución de la percepción del valor. Mientras que antiguamente, un activo físico como una propiedad o una barra de oro simbolizaba riqueza y estabilidad, hoy en día, un archivo digital, respaldado por la tecnología blockchain, puede tener un precio que supera a muchas obras de arte tradicionales.

La fusión de la cultura pop, la moda, el arte y la tecnología ha abierto un abanico de oportunidades, pero también ha planteado interrogantes sobre la sostenibilidad y la volatilidad de tales inversiones. Es un territorio emocionante, pero también inexplorado. Para aquellos acostumbrados a analizar tendencias del mercado de valores, este nuevo terreno puede parecer extraño y hasta absurdo. Pero para las generaciones más jóvenes, imbuidas en la cultura digital y la rápida evolución de la moda y la tecnología, estas inversiones tienen sentido y son una extensión natural de sus pasiones e intereses.

Este capítulo se adentra en este fascinante cruce entre la cultura y las finanzas, explorando cómo la percepción del valor está siendo redefinida y cómo los inversores pueden navegar con éxito por estas aguas, a menudo turbulentas, pero siempre intrigantes. A medida que avanzamos, es esencial recordar las lecciones aprendidas en los capítulos anteriores y aplicarlas a este nuevo paradigma, garantizando que nuestras decisiones de inversión sean informadas, estratégicas y, sobre todo, alineadas con nuestra comprensión personal del valor en este mundo en constante cambio.

11.1 El auge de la inversión en bienes culturales y coleccionables.

Desde tiempos inmemoriales, los humanos han atribuido valor a objetos de deseo. Las primeras monedas, joyas y artefactos de civilizaciones pasadas son testigos mudos de esta fascinación innata. Sin embargo, la última década ha sido testigo de un renacimiento de este interés, llevándolo a alturas previamente inimaginables. El siglo XXI ha redefinido la relación entre cultura, coleccionismo e inversión, llevando a los bienes culturales a ocupar un lugar destacado en la cartera de muchos inversores.

El mercado de coleccionables, en su esencia, siempre ha sido impulsado por la pasión. Ya sea un coleccionista de sellos del siglo XIX o un aficionado a los cómics de mediados del siglo XX, la motivación ha sido, tradicionalmente, el amor por el objeto en sí y no necesariamente su potencial de revalorización. No obstante, el entorno actual ha incorporado una dimensión adicional a este escenario: el reconocimiento del potencial de inversión de estos bienes culturales.

La globalización ha desempeñado un papel crucial en este cambio. Con el advenimiento de plataformas en línea y casas de subastas digitales, el mercado de coleccionables se ha expandido más allá de las fronteras geográficas. Un coleccionista en Tokio ahora puede pujar fácilmente por un objeto en Nueva York. Este acceso sin precedentes ha fomentado una competencia más acérrima, elevando los precios y destacando la naturaleza lucrativa de este mercado.

Sin embargo, no es solo la accesibilidad lo que ha llevado a este auge. Las generaciones más jóvenes, particularmente los millennials y la Generación Z, han empezado a mirar más allá de las inversiones tradicionales, buscando formas más relatables y tangibles de invertir. Las zapatillas de edición limitada, por ejemplo, han emergido como una categoría de inversión significativa. Estos zapatos, lanzados en números limitados y a menudo asociados con celebridades o marcas de alto perfil, pueden llegar a venderse por cifras que superan ampliamente su precio original en el mercado secundario.

Además, con la incertidumbre económica y las fluctuaciones del mercado, muchos inversores han buscado refugio en activos tangibles. Aquí es donde los bienes culturales, desde arte contemporáneo hasta memorabilia histórica, han ofrecido un respiro. Si bien estos activos no están exentos de volatilidad, representan una forma de diversificación, permitiendo a los inversores protegerse contra los altibajos de los mercados más tradicionales.

El crecimiento en la inversión en bienes culturales y coleccionables no es una moda pasajera. Refleja un cambio en la percepción del valor, impulsado por la tecnología, la globalización y el deseo de las generaciones más jóvenes de conectarse con sus inversiones de una manera más personal y significativa. Al reconocer y adaptarse a esta tendencia, los inversores pueden descubrir oportunidades únicas, aunque también deben estar atentos a los riesgos asociados con un mercado impulsado en gran medida por las emociones y el fervor cultural.

11.2 El mundo del arte digital y los NFTs: ¿una burbuja o el futuro?

Si alguna vez hubo un término que capturara la esencia de la innovación en la intersección de la tecnología y la cultura en la era contemporánea, sería "NFT" o "Token No Fungible". Estos tokens digitales han revolucionado la forma en que percibimos el arte, la propiedad y el valor en el mundo digital, generando debates acalorados sobre su legitimidad y sostenibilidad como una forma viable de inversión.

Los NFTs, en su definición más básica, son representaciones digitales únicas de activos en la blockchain. A diferencia de las criptomonedas como Bitcoin o Ethereum, que son fungibles y cada unidad es intercambiable por otra de igual valor, cada NFT es único y no puede ser reemplazado o intercambiado en igualdad de condiciones. Esta singularidad ha permitido que los NFTs se utilicen para representar arte, música, videos y otros activos digitales con un certificado de autenticidad inmutable.

El auge de los NFTs ha llevado al arte digital al centro del escenario. Artistas y creadores, que anteriormente luchaban por monetizar su trabajo en plataformas digitales debido a la replicabilidad del contenido, ahora tienen la posibilidad de vender sus obras como piezas únicas. La venta de la obra "Everydays: The First 5000 Days" del artista digital Beeple por 69 millones de dólares en Christie's fue un momento definitorio, señalando la llegada de los NFTs al mundo del arte tradicional y la inversión.

Sin embargo, como suele ser el caso con toda innovación disruptiva, los NFTs no han estado exentos de críticas. Muchos escépticos ven el auge de los NFTs como una burbuja, comparándolo con el frenesí dot-com de finales de los 90. Argumentan que, aunque la tecnología detrás de los NFTs es innovadora, los precios exorbitantes que se pagan por algunos activos digitales no están justificados por su valor intrínseco.

Por otro lado, los defensores de los NFTs ven esta tecnología como el futuro de la propiedad digital y creen que está redefiniendo la relación entre creadores y consumidores. Argumentan que los NFTs, más allá del arte, tienen aplicaciones en áreas como los derechos de autor, la propiedad de bienes digitales en videojuegos y la autenticación de productos.

El debate entre si los NFTs representan una burbuja o el futuro es complejo y multifacético. No obstante, lo que es indiscutible es su impacto actual en el mundo de la inversión y la cultura. Los NFTs han democratizado la propiedad y la inversión en arte, permitiendo a una generación más amplia y tecnológicamente avanzada participar en un mercado tradicionalmente reservado para unos pocos.

Al final del día, como con cualquier inversión, la prudencia y la educación son esenciales. Aunque los NFTs ofrecen oportunidades emocionantes, los inversores deben realizar una diligencia debida y entender completamente los riesgos asociados antes de sumergirse en este mundo digital en constante evolución. El tiempo dirá si los NFTs son una revolución duradera o simplemente un reflejo fugaz de la cultura contemporánea, pero lo que está claro es que han dejado una marca indeleble en la intersección del arte, la tecnología y las inversiones.

11.3 Estrategias para navegar en este mercado volátil y emocional.

La irrupción de los NFTs y la inversión en bienes culturales ha transformado el paisaje financiero, generando tanto entusiasmo como inquietud entre los inversores. Como con cualquier mercado emergente, la volatilidad es una constante, y el componente emocional que se entrelaza con la percepción del valor del arte y los coleccionables solo amplifica esta naturaleza impredecible. Sin embargo, con una estrategia bien pensada y un enfoque disciplinado, es posible navegar por estos mares tumultuosos y potencialmente cosechar las recompensas que ofrecen. A continuación, se presentan algunas estrategias clave para considerar:

- **Educación Continua:** *Dada la novedad y la rapidez con la que evoluciona el mundo de los NFTs, es fundamental mantenerse informado. Asistir a seminarios, leer publicaciones especializadas y seguir a expertos en el campo ayudará a los inversores a estar al día con las últimas tendencias y desarrollos.*
- **Diversificación:** *Aunque este consejo es un pilar en cualquier estrategia de inversión, es especialmente pertinente en un mercado tan volátil. No es recomendable*

poner todos los huevos en una sola canasta; diversificar las inversiones en diferentes tipos de NFTs o bienes culturales puede ayudar a mitigar los riesgos.

- **Invertir en lo que Conoce:** *Antes de comprar un NFT o un coleccionable, es vital hacer un análisis exhaustivo. Si es una obra de arte, investigue al artista, su trayectoria, y la autenticidad de la obra. Si es un objeto coleccionable, como una zapatilla de edición limitada, conozca su procedencia y su relevancia cultural.*

- **No dejarse llevar por el FOMO (Fear of Missing Out):** *El temor a perderse una oportunidad puede llevar a decisiones impulsivas. Es fundamental abordar estas inversiones con una mente clara, sin dejarse llevar por el entusiasmo o la presión de actuar rápidamente.*

- **Establecer un Presupuesto:** *Determine de antemano cuánto está dispuesto a invertir y adhiera a ese presupuesto. La naturaleza emocional de estos activos puede hacer que los precios se inflen rápidamente, pero siempre es crucial evaluar si el precio refleja realmente el valor del activo.*

- **Considerar la Liquidez:** *Aunque el mercado de NFTs ha crecido exponencialmente, todavía no tiene la liquidez de otros mercados más tradicionales. Antes de invertir, es esencial considerar cómo y cuándo podría liquidar su inversión si así lo desea o lo necesita.*

- **Entender los Aspectos Técnicos:** *La inversión en NFTs implica una comprensión básica de cómo funcionan las blockchains y las criptomonedas. Familiarizarse con las plataformas más populares, las billeteras digitales y las transacciones seguras puede ayudar a proteger su inversión.*

En última instancia, como con cualquier tipo de inversión, no existe una fórmula mágica para garantizar el éxito en el mercado de NFTs y bienes culturales. Sin embargo, adoptar un enfoque informado, cauteloso y estratégico puede mejorar *significativamente las posibilidades de obtener un retorno positivo mientras se minimizan los riesgos inherentes a este emocionante, pero incierto, terreno financiero.*

11.4 Análisis de casos: Transacciones y subastas que rompieron récords y definieron tendencias.

La inversión en bienes culturales y, más recientemente, en NFTs, ha producido algunas transacciones y subastas asombrosas que han asentado precedentes y catalizado el interés global en estos mercados. Vamos a explorar algunas de estas operaciones que, por su magnitud o significado, marcaron hitos en la intersección del arte, la cultura y las finanzas.

1. Beeple y la Venta de "Everydays: The First 5000 Days":

En marzo de 2021, el mundo del arte y las inversiones se vio sacudido por la venta de una obra NFT de Beeple, un artista digital, que se vendió en Christie's por la impresionante suma de 69 millones de dólares. Esta transacción no solo estableció un récord en el valor de un NFT, sino que también solidificó la posición del arte digital como una forma legítima y valiosa de expresión artística.

2. Las Zapatillas Nike MAG de "Back to the Future":

En el ámbito de los coleccionables, las zapatillas Nike MAG, inspiradas en la película "Back to the Future II", han capturado la imaginación de los coleccionistas durante años. En 2016, una subasta de estas zapatillas autolacing recaudó 200,000 dólares, destinados a la fundación de Michael J. Fox para la investigación del Parkinson.

3. El NFT de Jack Dorsey, el primer tuit:

Jack Dorsey, cofundador y CEO de Twitter, convirtió su primer tuit en un NFT y lo vendió por 2,9 millones de dólares en marzo de 2021. Esta transacción subrayó la noción de que en la era digital, incluso las comunicaciones efímeras, como los tuits, pueden tener un valor duradero y significativo.

4. Las Tarjetas Deportivas que Baten Récords:

En el mundo de las tarjetas coleccionables, se estableció un nuevo estándar cuando una tarjeta de novato de Mike Trout se vendió por 3,9 millones de dólares en 2020. A pesar de ser un medio coleccionable bastante tradicional, las tarjetas deportivas han encontrado un renacimiento en la era moderna, con valores que se disparan para los ítems más raros y buscados.

Estos casos representan la punta del iceberg en un mercado en constante evolución. Cada transacción no solo refleja el valor monetario de un artículo, sino también su significado cultural y su impacto en las percepciones públicas de lo que constituye una "inversión" en el siglo XXI. Mientras que algunas personas ven estos altos precios con escepticismo, argumentando que son indicativos de burbujas financieras, otros ven estas transacciones como una validación de la creciente intersección de la cultura y el capital. Lo que es indiscutible es que estos eventos han dejado una marca indeleble en la historia del arte y las inversiones, y su legado continuará influyendo en las tendencias y percepciones del mercado en los años venideros.

Capítulo 12

Nuevas Fronteras: Inversiones en el Espacio y Tecnologías Futuristas

Desde la Antigüedad, la humanidad ha alzado la vista hacia el cielo, preguntándose qué misterios y oportunidades podrían yacer más allá de nuestro hogar terrestre. A medida que la tecnología ha avanzado, ese anhelo de explorar lo desconocido se ha transformado en acciones concretas. Ya no nos limitamos a soñar con el espacio, estamos invirtiendo en él. Pero, el espacio exterior no es la única frontera que estamos cruzando. Mientras que las estrellas pueden ser el límite físico de nuestras aspiraciones, en la Tierra, las revoluciones tecnológicas están redefiniendo las barreras de lo posible. Esta nueva era de exploración y descubrimiento, tanto en el espacio exterior como en el mundo de las tecnologías emergentes, presenta oportunidades de inversión sin precedentes.

Más allá de las estrellas, vemos empresas que buscan minar asteroides, establecer bases lunares y crear el turismo espacial como una industria viable. Dentro de nuestro propio planeta, los avances en campos como la nanotecnología y la biotecnología están prometiendo revoluciones que podrían ser tan transformadoras como la Revolución Industrial en su momento.

Sin embargo, con grandes oportunidades vienen grandes riesgos. Invertir en el futuro no es para los débiles de corazón. Se trata de visiones audaces, grandes apuestas y la voluntad de embarcarse en lo desconocido, armados con investigación, intuición y, en muchos casos, un poco de esperanza.

Al mirar hacia el futuro, es esencial recordar las lecciones del pasado y reconocer que toda inversión es una mezcla de análisis, estrategia y, a veces, un poco de suerte. Mientras nos adentramos en este emocionante territorio, es fundamental mantener ambos pies en la tierra, incluso cuando nuestras ambiciones y inversiones nos lleven a las estrellas y más allá.

12.1 El auge de la industria espacial y su potencial como sector de inversión.

Desde los primeros lanzamientos de cohetes hasta los recientes hitos en el turismo espacial, la conquista del espacio siempre ha estado en la vanguardia de la imaginación humana. Pero en las últimas décadas, la industria espacial ha experimentado una transformación radical, pasando de ser una empresa estatal dirigida principalmente por superpotencias a un sector en crecimiento impulsado por el sector privado. Esta metamorfosis no solo ha abierto las puertas a la innovación y la exploración sino que también ha revelado oportunidades significativas para los inversores.

En los albores de la era espacial, las misiones estaban dominadas por agencias gubernamentales como la NASA o la antigua URSS. Sin embargo, la escena comenzó a cambiar al inicio del siglo XXI. Empresas como SpaceX, Blue Origin y Virgin Galactic han redefinido lo que significa la exploración espacial. Lo que una vez fue el dominio exclusivo de gobiernos ahora ha visto a empresarios, ingenieros y visionarios entrando en la escena, impulsando la competitividad y abriendo la posibilidad de que el espacio sea accesible para más que solo astronautas profesionales.

El crecimiento y el potencial de la industria espacial como sector de inversión se ven impulsados por varios factores. Primero, hay un interés renovado en misiones interplanetarias, como los planes para enviar humanos a Marte. Las operaciones de minería de asteroides, aunque todavía en su infancia, representan una posibilidad para extraer recursos valiosos. Además, el desarrollo y lanzamiento de satélites ha visto una demanda explosiva, especialmente con proyectos que buscan proporcionar conectividad a internet en todo el mundo.

Pero quizás el área más publicitada ha sido el turismo espacial. Aunque todavía en sus etapas iniciales, el interés en volar al espacio, aunque sea por unos minutos de ingravidez, ha capturado la imaginación del público y representa una fuente potencial de ingresos significativos.

No obstante, más allá del entusiasmo, invertir en el espacio no es un asunto trivial. Requiere grandes sumas de capital inicial, y los riesgos, tanto técnicos como financieros, son elevados. Sin embargo, las recompensas potenciales, tanto en términos de rendimiento financiero como de avance tecnológico y humano, pueden ser astronómicas. Para los inversores que tienen una visión a largo plazo y están dispuestos a navegar por las incertidumbres del espacio, este sector puede ofrecer oportunidades sin paralelo en la historia de la humanidad.

12.2 Innovaciones tecnológicas del futuro: nanotecnología, biotecnología y más.

El avance de la tecnología ha demostrado ser una constante en la historia moderna, y en el horizonte, emergen campos de estudio y desarrollo que prometen revolucionar la forma en que vivimos, trabajamos y nos relacionamos con nuestro entorno. Las fronteras de la innovación tecnológica ya no se limitan a mejorar lo que ya conocemos, sino que buscan crear soluciones y herramientas completamente nuevas, abordando desafíos desde escalas moleculares hasta biológicas.

Nanotecnología: *A nivel atómico y molecular, la nanotecnología busca manipular y construir materiales y dispositivos con precisión sin precedentes. Sus aplicaciones potenciales son vastas: desde la creación de nuevos materiales con propiedades únicas, hasta avances médicos, como la entrega dirigida de medicamentos o la regeneración de tejidos. Imagina baterías más eficientes,* *materiales que se auto-reparan o incluso tejidos inteligentes que adaptan sus propiedades según las necesidades. La nanotecnología puede ser la llave para un futuro en el que el dominio sobre la materia a escala nanométrica redefina industrias enteras.*

Biotecnología: *Aunque la biotecnología ha sido una fuerza impulsora detrás de avances médicos y agrícolas durante décadas, las nuevas técnicas y descubrimientos, como la edición de genes mediante CRISPR, están llevando el campo a nuevas alturas. La posibilidad de editar genes ofrece esperanza en la lucha contra enfermedades genéticas, mientras que las aplicaciones agrícolas prometen cultivos más resistentes y nutritivos. Más allá de la medicina y la agricultura, la biotecnología también está explorando áreas como la bioenergía y la producción de materiales biodegradables.*

Tecnologías emergentes: *Si bien la nanotecnología y la biotecnología son campos impresionantes por sí mismos, no son los únicos que emergen en el horizonte tecnológico. Considera la neurotecnología, que busca interfaces directas entre máquinas y cerebros, prometiendo desde soluciones a discapacidades hasta la ampliación de capacidades humanas. O piensa en la energía de fusión, que, si se realiza con éxito, podría ofrecer una fuente prácticamente inagotable de energía limpia.*

Lo que todas estas innovaciones tienen en común es que se sitúan en la confluencia de múltiples disciplinas: física, biología, ingeniería, informática, entre otras. Esta interdisciplinariedad no solo potencia los descubrimientos sino que también plantea desafíos en términos de inversión. Los inversores deben estar equipados con una comprensión profunda y diversa para identificar oportunidades genuinas y discernir entre un potencial real y un simple espejismo tecnológico.

En el futuro, no serán solo los avances individuales los que definirán el progreso, sino la convergencia de estas tecnologías, creando soluciones y oportunidades que hoy apenas podemos imaginar. Para aquellos dispuestos a mirar más allá del presente y aventurarse en las fronteras del conocimiento humano, el futuro es, sin duda, prometedor.

12.3 Las implicaciones y riesgos de invertir en tecnologías emergentes

La promesa de un futuro moldeado por tecnologías emergentes puede cautivar a cualquier inversionista. Los beneficios potenciales de ser pionero en una industria o tecnología naciente son enormes. Sin embargo, como con cualquier empresa, invertir en tecnologías emergentes no está exento de desafíos y peligros. Es fundamental que los inversores estén completamente informados de las implicaciones y riesgos inherentes al navegar por estas aguas desconocidas.

Implicaciones Económicas:

Las tecnologías emergentes pueden alterar drásticamente el paisaje económico. La llegada de una nueva tecnología puede hacer obsoletos los métodos y herramientas existentes, creando lo que se conoce como "destrucción creativa". Para los inversionistas, esto puede traducirse en oportunidades de crecimiento significativas para startups y empresas que estén a la vanguardia. Sin embargo, también puede significar pérdidas para aquellos vinculados a tecnologías o industrias desplazadas.

Riesgo de Adopción:

No todas las tecnologías emergentes ganarán tracción y se generalizarán. Algunas pueden enfrentar obstáculos en la adopción por factores culturales, éticos o regulatorios. Invertir en una tecnología que eventualmente no logre una adopción masiva puede resultar en pérdidas sustanciales.

Regulación y Cambios Políticos:

Las tecnologías emergentes a menudo desafían las normativas existentes. Esto puede llevar a ambientes regulatorios inciertos donde las reglas cambian rápidamente y sin previo aviso. Los inversores deben estar preparados para la posibilidad de que los cambios en la regulación afecten la rentabilidad o viabilidad de una inversión.

Volatilidad de Mercado:

Dada la naturaleza incierta de las tecnologías emergentes, los mercados pueden ser especialmente volátiles. Un anuncio, un avance técnico o incluso rumores pueden desencadenar fluctuaciones dramáticas en el valor de las acciones.

Evaluación de Viabilidad Tecnológica:

A veces, lo que parece ser un avance prometedor en el papel no se materializa en la práctica. Los inversionistas deben ser cautelosos y basar sus decisiones no solo en promesas y prototipos, sino también en pruebas y validaciones robustas.

Consideraciones Éticas:

Particularmente en áreas como la biotecnología o la neurotecnología, emergen dilemas éticos. Las inversiones en estas áreas no solo deben ser evaluadas desde una perspectiva de rentabilidad, sino también de responsabilidad social y ética.

Concluir que invertir en tecnologías emergentes es un juego de alto riesgo y alta recompensa sería simplista. La realidad es que, si bien las recompensas potenciales son vastas, los riesgos son multifacéticos y complejos. Un enfoque informado, flexible y éticamente consciente es esencial para navegar con éxito en este emocionante pero tumultuoso terreno. La clave está en la investigación continua, la adaptabilidad y, sobre todo, en no dejar que la promesa del mañana eclipse los desafíos del presente.

12.4 Casos de estudio: Empresas que están liderando la carrera hacia el futuro.

A medida que avanzamos hacia un futuro moldeado por las innovaciones tecnológicas, varias empresas han surgido como líderes indiscutibles en sus respectivos campos. Estas organizaciones no solo están impulsando los límites de lo que es técnicamente posible, sino que también están redefiniendo cómo vivimos, trabajamos y nos relacionamos con el mundo que nos rodea. A continuación, se presentan algunos ejemplos notables de empresas que están a la vanguardia de estas transformaciones.

1. SpaceX:

Mientras que la exploración espacial fue, durante mucho tiempo, el dominio exclusivo de las agencias gubernamentales, SpaceX, fundada por Elon Musk, ha revolucionado la industria espacial con sus cohetes reutilizables y su visión de colonizar Marte. A través de sus lanzamientos exitosos y contratos con la NASA, SpaceX ha demostrado que el sector privado puede jugar un papel crucial en la nueva era de la exploración espacial.

2. DeepMind:

Una subsidiaria de Alphabet (la empresa matriz de Google), DeepMind ha estado a la vanguardia de la investigación en inteligencia artificial. Su programa, AlphaGo, sorprendió al mundo al vencer a los campeones mundiales en el juego de Go, un logro que muchos expertos creían que estaba décadas por delante de su tiempo. La compañía continúa empujando los límites de lo que la IA puede lograr, con aplicaciones que abarcan desde la medicina hasta la resolución de problemas ambientales.

3. CRISPR Therapeutics:

En el campo de la biotecnología, la técnica de edición de genes CRISPR-Cas9 ha revolucionado la genética. CRISPR Therapeutics, una empresa que aprovecha esta herramienta, está trabajando en terapias genéticas para tratar enfermedades que antes se consideraban intratables. Aunque el camino hacia tratamientos aprobados y comercializados es largo y complejo, los avances iniciales son prometedores.

4. Neuralink:

Otro proyecto ambicioso bajo el paraguas de Elon Musk, Neuralink está trabajando en interfaces cerebro-máquina. Su visión es permitir la comunicación directa entre el cerebro humano y las computadoras, lo que podría tener aplicaciones revolucionarias en medicina, comunicación y más allá. Aunque todavía está en sus primeras etapas, la empresa ha mostrado prototipos prometedores que pueden leer y transmitir señales neuronales.

5. Boston Dynamics:

Conocida por sus robots impresionantes y a veces inquietantes, Boston Dynamics está redefiniendo lo que es posible en robótica. Desde robots que pueden correr y saltar con una agilidad asombrosa hasta máquinas diseñadas para trabajos de logística, la empresa está creando un futuro en el que los robots pueden trabajar junto a los humanos en una variedad de capacidades.

Estas empresas representan solo la punta del iceberg en términos de innovación tecnológica y visión de futuro. Lo que todas tienen en común es una disposición a desafiar el status quo, invertir en investigación y desarrollo y, sobre todo, perseguir visiones audaces del futuro. Para los inversores, representan oportunidades de participar en la configuración de este futuro, pero como con todas las inversiones en tecnología emergente, vienen con su cuota de riesgos y incertidumbres. Es esencial mantenerse informado, adaptarse a las nuevas informaciones y, sobre todo, estar preparado para un viaje emocionante y posiblemente volátil.

Capítulo 13

La Era Post-COVID y el Cambio en el Paradigma de Inversión

La llegada inesperada de la pandemia de COVID-19 no solo cambió nuestras vidas cotidianas, sino que también sacudió los cimientos del mundo financiero y de inversión. Las economías de todo el mundo se vieron afectadas, empresas de todos los tamaños lucharon por mantenerse a flote y los inversores se encontraron navegando en un mar de incertidumbre. Pero como ocurre con todas las crisis, también surgieron oportunidades y lecciones valiosas. Las empresas tuvieron que reinventarse, los inversores reevaluaron sus prioridades y estrategias, y se materializó una nueva era en la inversión.

La magnitud de este evento sin precedentes desencadenó una profunda introspección en el mundo empresarial. Las empresas que antes parecían invulnerables sufrieron, mientras que otras, que parecían estar al margen, emergieron con fortaleza. La forma en que consumimos, trabajamos y vivimos fue alterada, desafiando las normas establecidas y abriendo la puerta a un nuevo conjunto de posibilidades y riesgos.

A lo largo de este capítulo, exploraremos cómo esta crisis global redefinió el paisaje de la inversión, qué sectores se vieron más afectados y cuáles prosperaron, y cómo los inversores pueden prepararse mejor para futuras incertidumbres. También destacaremos las historias de éxito: empresas que se adaptaron, innovaron y emergieron más fuertes en el enfrentamiento a la adversidad.

La pandemia, en su esencia, no solo probó la resiliencia de las economías y las empresas, sino que también destacó la necesidad de adaptabilidad, innovación y una visión a largo plazo. La era post-COVID ha inaugurado un nuevo capítulo en el mundo de las inversiones, y aquellos dispuestos a aprender de las lecciones del pasado y a adaptarse al futuro estarán mejor posicionados para aprovechar las oportunidades que se presenten.

13.1 Cómo la pandemia redefinió las prioridades de inversión.

La llegada de la pandemia COVID-19 no solo alteró el ritmo y la rutina diaria de las personas en todo el mundo, sino que también provocó una reconsideración radical de las prioridades de *inversión. Durante décadas, los mercados y los inversores habían navegado por una serie de crisis financieras, pero nada comparable a la escala y la naturaleza omnipresente de esta pandemia global.*

Antes del 2020, la inversión en ciertos sectores, como el turismo, la aviación y el entretenimiento, era vista por muchos como una apuesta segura. Sin embargo, con la llegada del COVID-19, estos sectores se encontraron entre los más afectados. Las restricciones de viaje, las cuarentenas y el cierre de espacios públicos desplomaron sus ingresos y, por ende, su atractivo para los inversores.

Por otro lado, las prioridades de inversión viraron hacia industrias y sectores que anteriormente podían haber sido menos considerados. La tecnología, por ejemplo, se convirtió en un pilar fundamental. Plataformas de teletrabajo, soluciones de educación en línea, aplicaciones de entrega a domicilio y servicios de streaming experimentaron un crecimiento exponencial. La necesidad de estar conectado y operativo desde casa puso de manifiesto la importancia de las infraestructuras digitales robustas y las soluciones tecnológicas innovadoras.

Otra reconsideración significativa fue el enfoque en la salud y el bienestar. Las empresas biotecnológicas, las farmacéuticas y las de tecnología médica, que trabajaron en diagnósticos, tratamientos y soluciones preventivas para el virus, atrajeron una cantidad considerable de inversiones. Además, la pandemia puso de relieve la importancia de las cadenas de suministro resilientes y diversificadas, lo que llevó a muchos inversores a reconsiderar la logística y las inversiones en infraestructura.

Los inversores también comenzaron a dar mayor importancia a la sostenibilidad y la responsabilidad corporativa. La fragilidad de nuestra existencia en el planeta quedó expuesta, y las empresas que demostraron una fuerte ética y una visión sostenible atrajeron más atención. Las inversiones orientadas hacia el impacto social y medioambiental comenzaron a ser vistas no solo como éticamente correctas, sino también como financieramente prudentes.

13.2 Sectores ganadores y perdedores en la nueva normalidad.

La pandemia del COVID-19 generó olas de cambios en el panorama económico y empresarial, llevando a algunos sectores a enfrentar desafíos sin precedentes, mientras que otros encontraron oportunidades inesperadas. La "nueva normalidad" trajo consigo una reconfiguración del mundo empresarial, clasificando a las industrias en ganadoras y perdedoras según su capacidad de adaptación y resiliencia.

Ganadores:

- **Tecnología y comunicaciones**: *El distanciamiento social y el confinamiento impulsaron la digitalización de numerosas actividades, desde el trabajo hasta la educación y el entretenimiento. Las empresas de software, en particular aquellas que ofrecen soluciones de colaboración y videoconferencia, experimentaron un auge en la demanda. Las plataformas de streaming, juegos en línea y redes sociales también vieron crecer su base de usuarios y sus ingresos.*
- **Salud y biotecnología**: *La urgencia de encontrar tratamientos y vacunas para el virus llevó a un aumento sin precedentes en la financiación y el apoyo para las empresas farmacéuticas y biotecnológicas. Además, la demanda de dispositivos médicos, como respiradores y equipo de protección, disparó el crecimiento en este sector.*
- **E-commerce y logística**: *Con las tiendas físicas cerradas o limitadas en su capacidad, el comercio en línea se*

convirtió en la principal vía de consumo para muchos. Esto generó un aumento en la demanda de soluciones logísticas y de entrega, beneficiando a empresas de paquetería y distribución.

- **Productos de primera necesidad**: *Las empresas que ofrecían bienes esenciales, como alimentos, productos de limpieza y medicamentos, vieron un aumento en su demanda. La compra por pánico y la acumulación de reservas también impulsaron temporalmente las ventas en estas áreas.*

Perdedores:

- **Turismo y hospitalidad**: *Las restricciones de viaje y el miedo a la infección llevaron a un declive drástico en la industria del turismo. Hoteles, aerolíneas y operadores turísticos enfrentaron pérdidas masivas y tuvieron que reajustar sus operaciones.*
- **Entretenimiento presencial**: *Cines, teatros, eventos deportivos y conciertos fueron cancelados o pospuestos en todo el mundo. Aunque algunas empresas buscaron soluciones digitales o modelos híbridos, la pérdida de ingresos fue significativa.*
- **Sector inmobiliario comercial**: *Con el auge del trabajo a distancia, muchas empresas reconsideraron la necesidad de grandes espacios de oficina, llevando a una disminución en la demanda de bienes raíces comerciales en áreas urbanas clave.*
- **Industria del petróleo y gas**: *La disminución en la movilidad global y la reducción de actividades industriales provocó una baja demanda de petróleo, llevando a precios históricamente bajos y desafíos significativos para el sector.*

La nueva normalidad demostró que la adaptabilidad es vital. Los sectores que pudieron pivotar y reinventarse encontraron caminos para prosperar, mientras que otros enfrentaron una reconfiguración drástica de su modelo de negocio. La lección clave es que, en un mundo en constante cambio, la capacidad de anticiparse y adaptarse es esencial para la supervivencia y el éxito a largo plazo.

13.3 Estrategias de adaptación y resiliencia en tiempos de crisis.

Enfrentarse a una crisis global, como la que desató el COVID-19, puso a prueba la fortaleza y agilidad de las empresas en todos los sectores. Aquellas que lograron sobrevivir y, en algunos casos, prosperar, lo hicieron basándose en estrategias inteligentes y medidas adaptativas. A continuación, exploramos algunas de las tácticas y enfoques que las empresas adoptaron para garantizar su resiliencia durante estos tiempos turbulentos.

- **Digitalización y flexibilidad operativa**: *La transformación digital se aceleró a medida que las empresas adoptaron herramientas y soluciones tecnológicas para mantenerse operativas. Esto no solo implicó facilitar el trabajo remoto, sino también repensar cómo se entregan los productos y servicios al consumidor final. Aquellas empresas que ya habían comenzado su viaje digital antes de la crisis encontraron una transición más suave.*
- **Diversificación en diversos activos**: *Las empresas que dependían en gran medida de un solo mercado o segmento enfrentaron mayores dificultades. La diversificación, tanto en términos de oferta de productos como de mercados objetivo, se convirtió en un salvavidas, permitiendo que las pérdidas en un área se compensaran con ganancias en otra.*
- **Foco en la liquidez**: *En tiempos de incertidumbre, el efectivo es rey. Las empresas se esforzaron por mejorar su liquidez, reduciendo costos innecesarios, renegociando*

términos con proveedores y buscando financiamiento externo para fortalecer su posición financiera.

- **Escucha activa al cliente**: *Las necesidades y comportamientos de los clientes cambiaron drásticamente durante la pandemia. Las empresas que se tomaron el tiempo para escuchar, adaptar su oferta y comunicarse de manera efectiva, fortalecieron su relación con los clientes y garantizaron una mayor lealtad.*

- **Innovación constante**: *En lugar de permanecer estáticos, muchos negocios vieron la crisis como una oportunidad para innovar. Desde la creación de nuevos productos hasta la reinvención de modelos de negocio, la capacidad de adaptarse rápidamente a las circunstancias cambiantes fue crucial.*

- **Inversión en capital humano**: *A pesar de las dificultades económicas, las empresas que priorizaron el bienestar y desarrollo de su personal, ya sea a través de programas de formación, apoyo psicológico o garantizando condiciones de trabajo seguras, encontraron que su equipo estaba más comprometido y dispuesto a adaptarse a los cambios.*

- **Colaboraciones y asociaciones**: *Algunas empresas buscaron la colaboración como una forma de enfrentar los desafíos. Ya sea asociándose con competidores, buscando alianzas estratégicas o trabajando con comunidades locales, la unión permitió enfrentar los desafíos de manera más eficiente.*

La pandemia de COVID-19 fue un recordatorio de que el entorno empresarial es volátil y puede cambiar de un momento a otro. La resiliencia y adaptabilidad no son solo cualidades deseables, sino esenciales para garantizar la supervivencia y el éxito de cualquier empresa en el mundo actual.

13.4 Lecciones aprendidas: Análisis de empresas que se adaptaron y prosperaron.

La era post-COVID no solo presentó desafíos, sino también oportunidades. Aunque muchas empresas enfrentaron tiempos difíciles, otras vieron en la crisis una oportunidad para innovar y reinventarse. Aquí exploramos algunas de las empresas que, frente a la adversidad, trazaron un camino hacia el éxito.

- **Zoom Video Communications**: *En un mundo donde el trabajo y la socialización presencial se redujeron significativamente, Zoom se convirtió rápidamente en una herramienta esencial para reuniones, clases y eventos virtuales. Aunque ya era una empresa establecida, su rápida adaptación a la creciente demanda y la implementación de nuevas características de seguridad y funcionalidad, la consolidó como la plataforma líder de videoconferencia.*
- **Netflix**: *Si bien el streaming ya era una tendencia en auge, la pandemia aceleró su crecimiento. Netflix, con una sólida infraestructura y un amplio catálogo, invirtió aún más en contenido original, adaptando su oferta a los variados gustos de una audiencia global en cuarentena.*
- **Peloton**: *A medida que los gimnasios cerraban, las personas buscaban maneras de mantenerse activas en casa. Peloton, con su combinación de equipos de ejercicio de alta gama y clases virtuales, experimentó un crecimiento significativo, demostrando que el fitness virtual llegó para quedarse.*
- **Shopify**: *Con las tiendas físicas enfrentando restricciones, el comercio electrónico experimentó un boom. Shopify, que ofrece soluciones para que las empresas creen sus propias tiendas en línea, vio cómo pequeños y grandes negocios recurrieron a su plataforma para mantenerse operativos.*

Estas empresas, entre muchas otras, demostraron que la adaptabilidad, la innovación y una profunda comprensión de las necesidades cambiantes de los consumidores son esenciales para prosperar en tiempos de crisis. Si bien cada una de estas compañías operaba en diferentes sectores, compartían una visión común: no ver la crisis sólo como un obstáculo, sino como una oportunidad para crecer y evolucionar.

La era post-COVID ha redefinido la forma en que vemos el mundo, cómo operan las empresas y dónde se encuentran las oportunidades de inversión. A lo largo de este capítulo, hemos explorado las cambiantes dinámicas del mercado y cómo las empresas y sectores han navegado a través de la tormenta. Las lecciones aprendidas nos recuerdan que, si bien el futuro es incierto, con adaptabilidad, innovación y resiliencia, hay siempre una ruta hacia el éxito. En el panorama de inversión, estas lecciones no sólo son valiosas para el presente, sino que también establecen una base sólida para las decisiones futuras.

Capítulo 14

Futurismo Financiero y la Próxima Ola de Innovación

La historia financiera ha sido una evolución constante, donde la tecnología y la innovación siempre han tenido un papel protagónico. Desde el surgimiento de los primeros billetes en la antigua China, pasando por el advenimiento de la bolsa de valores en el siglo XVII en Ámsterdam, hasta la creación del sistema SWIFT en los años 70, el mundo financiero ha buscado continuamente formas de ser más eficiente, seguro y accesible. Sin embargo, nunca antes habíamos sido testigos de un avance tan acelerado y disruptivo como el que estamos experimentando en este inicio del siglo XXI.

En la era de la información, donde la digitalización y la interconexión global son la norma, las finanzas no están exentas de esta revolución. De hecho, se encuentran en el epicentro. Las posibilidades que ofrecen las tecnologías emergentes amenazan con redefinir completamente cómo entendemos y gestionamos el dinero, los activos y las inversiones.

En este capítulo, nos sumergiremos en el futurismo financiero, un concepto que va más allá de simples predicciones y se adentra en cómo las tecnologías actuales y emergentes están reconfigurando el paisaje financiero global. Desde la Inteligencia Artificial que promete decisiones de inversión más acertadas, pasando por las experiencias inmersivas de la Realidad Virtual y la Realidad Aumentada en la banca, hasta llegar al fascinante mundo de las BioFinanzas y la revolución que la computación cuántica podría traer al análisis financiero. Prepárese para un viaje a través de lo que podría ser la próxima gran ola de innovación en el mundo financiero.

14.1 Inteligencia Artificial y su papel en las decisiones financieras.

La Inteligencia Artificial (IA) ha dejado de ser una mera fantasía de la ciencia ficción para convertirse en una herramienta tangible y fundamental en diversos sectores, y el financiero no es la excepción. Su capacidad para procesar, analizar y aprender de grandes cantidades de datos en fracciones de tiempo inimaginables para el ser humano la ha posicionado como una aliada indispensable en la toma de decisiones financieras.

Algoritmos y predicciones

Los algoritmos de IA pueden analizar años de datos financieros y detectar patrones que serían casi imperceptibles para un analista humano. Estos patrones pueden ser indicativos de tendencias futuras, permitiendo a los inversores anticipar movimientos del mercado. Por ejemplo, herramientas como los robo-advisors utilizan IA para proporcionar recomendaciones de inversión personalizadas a sus usuarios, basándose en un análisis profundo de datos históricos y factores actuales del mercado.

Automatización y eficiencia

Los chatbots y asistentes virtuales, potenciados por IA, están transformando la experiencia del cliente en el sector financiero. Estos sistemas pueden manejar consultas simples y transacciones de forma autónoma, liberando tiempo y recursos humanos. Además, al analizar conversaciones y feedback, aprenden y mejoran constantemente, ofreciendo respuestas más precisas y soluciones más rápidas a las demandas del cliente.

Gestión de riesgos y fraudes

La IA también juega un papel crucial en la gestión de riesgos y la detección de fraudes. Al analizar transacciones en tiempo real, los sistemas de IA pueden identificar actividades sospechosas o inusuales y alertar a las instituciones financieras. Esta capacidad proactiva ha sido esencial para prevenir millones en pérdidas por actividades fraudulentas.

Inclusión financiera

La IA también está abriendo puertas a aquellos que tradicionalmente han estado marginados del sistema financiero. Mediante el análisis de datos alternativos, como historiales de pagos de servicios o compras en línea, los sistemas de IA pueden evaluar la solvencia de individuos que no cuentan con un historial crediticio tradicional, permitiéndoles acceder a préstamos y otros servicios financieros.

Sin embargo, es esencial abordar la implementación de la IA en el sector financiero con precaución. Aunque ofrece innumerables beneficios, también viene acompañada de desafíos éticos y técnicos. La transparencia en los algoritmos, la privacidad de los datos y la posibilidad de errores o sesgos en las predicciones son aspectos que deben ser constantemente supervisados.

La Inteligencia Artificial está reconfigurando el paisaje financiero, ofreciendo oportunidades y herramientas que permiten una toma de decisiones más informada y eficiente. Sin embargo, como con toda innovación, es esencial usarla con responsabilidad y con una comprensión clara de sus límites y posibilidades.

14.2 Realidad Virtual (RV) y Realidad Aumentada (RA) en el mundo financiero.

En una era donde la tecnología continúa evolucionando a pasos agigantados, la Realidad Virtual (RV) y la Realidad Aumentada (RA) están emergiendo como dos herramientas con potencial revolucionario, no sólo en el entretenimiento o la medicina, sino también en el ámbito financiero. Estas tecnologías ofrecen experiencias inmersivas y enriquecidas que tienen el poder de transformar la forma en que interactuamos con nuestros activos, bancos e inversiones.

Experiencia del cliente renovada

Una de las aplicaciones más inmediatas de la RV y la RA en el sector financiero es la mejora de la experiencia del cliente. Imagina, por ejemplo, entrar en una sucursal bancaria virtual donde un asistente holográfico te guía a través de tus transacciones o te ayuda a explorar diferentes opciones de inversión. Las consultas podrían ser resueltas en tiempo real, en un entorno interactivo y tridimensional.

Formación y educación financiera

La RV, en particular, ofrece oportunidades excepcionales para la formación y educación financiera. A través de simulaciones, los usuarios pueden sumergirse en escenarios financieros complejos, tomar decisiones y observar resultados en un entorno controlado. Esta experiencia práctica y envolvente puede ser invaluable para enseñar conceptos financieros y estrategias de inversión a novatos y profesionales por igual.

Visualización avanzada de datos

La RA, con su capacidad para superponer información digital en el mundo real, tiene el potencial de transformar la visualización de datos financieros. En lugar de examinar gráficos y tablas en dos dimensiones, los inversores podrían interactuar con visualizaciones en 3D, rotando, ampliando y profundizando en los detalles. Esta inmersión puede permitir una comprensión más profunda y rápida de tendencias, riesgos y oportunidades.

Comercio enriquecido

La RA también podría revolucionar la experiencia de compra. Imagina apuntar tu dispositivo a un producto en una tienda y recibir instantáneamente información sobre su precio, comparativas con otros productos, e incluso opciones de financiamiento o inversión relacionadas.

Desafíos y consideraciones

Sin embargo, la adopción de la RV y RA en el sector financiero no está exenta de desafíos. La seguridad de los datos es una preocupación primordial, dada la naturaleza sensible de la información financiera. Además, estas tecnologías requieren inversiones significativas en infraestructura y desarrollo. Además, como sucede con cualquier innovación, existe la necesidad de una regulación clara que proteja a los consumidores sin sofocar la innovación.

Aunque todavía estamos en las etapas iniciales de la integración de la RV y la RA en el mundo financiero, el potencial es vasto. Estas tecnologías prometen revolucionar la forma en que interactuamos con nuestras finanzas, ofreciendo experiencias más ricas, envolventes y personalizadas. Como inversores y consumidores, nos conviene estar atentos y preparados para aprovechar estas nuevas oportunidades.

14.3 BioFinanzas: Intersección de biotecnología y finanzas.

En el vibrante mundo de las inversiones y las finanzas, siempre estamos a la caza de la próxima gran innovación o tendencia. En este contexto, surge la interacción entre la biotecnología y las finanzas, un campo emergente que algunos denominan "BioFinanzas". Esta intersección no sólo promete redefinir el futuro de la medicina y la ciencia, sino que también está reconfigurando el panorama de las inversiones.

La biotecnología: De la investigación básica al mercado global

Desde el descubrimiento del ADN hasta los más recientes avances en genómica y terapia génica, la biotecnología ha experimentado una evolución constante. Esta ciencia, que alguna vez estuvo confinada a laboratorios académicos, ha encontrado su camino hacia aplicaciones comerciales, desde la producción de medicamentos y terapias revolucionarias hasta la ingeniería genética de cultivos para una agricultura más sostenible.

El potencial comercial de estas innovaciones ha atraído, naturalmente, la atención del mundo financiero. Las startups biotecnológicas, impulsadas por la promesa de un descubrimiento pionero, buscan capital para llevar sus investigaciones desde el laboratorio hasta el mercado. Y es aquí donde las BioFinanzas entran en juego, sirviendo como puente entre los mundos de la ciencia y las inversiones.

El papel de las BioFinanzas

Las BioFinanzas actúan como una especie de brújula, guiando a los inversores a través del complejo paisaje de la biotecnología. A través de análisis detallados, los expertos en BioFinanzas evalúan el potencial de una tecnología o tratamiento, ponderando su viabilidad científica con su valor de mercado potencial. Esta evaluación es esencial, dado que el desarrollo de tecnologías *biotecnológicas suele requerir inversiones significativas y enfrentar un alto grado de incertidumbre.*

El atractivo de las BioFinanzas reside en su promesa de retornos exorbitantes. Las terapias o tecnologías que logran superar los rigurosos ensayos clínicos y obtener la aprobación regulatoria pueden transformarse en productos de miles de millones de dólares. Pero el camino hacia ese éxito está plagado de desafíos. Los retrasos en la investigación, los obstáculos regulatorios y los dilemas éticos son solo algunos de los riesgos que enfrentan los inversores.

Dilemas éticos y desafíos

El terreno de las BioFinanzas no está exento de controversias. La manipulación genética, por ejemplo, suscita debates sobre hasta dónde deberíamos llegar en la "edición" de la vida. Además, está el dilema de quién tiene acceso a estas innovaciones. ¿Estamos creando tratamientos revolucionarios solo para aquellos que pueden pagarlos, exacerbando aún más las disparidades socioeconómicas?

Otro aspecto crucial es el de la regulación. Las autoridades de salud de todo el mundo mantienen un escrutinio meticuloso sobre las nuevas tecnologías biotecnológicas para garantizar su seguridad y eficacia. Para los inversores, esto significa que hay un alto grado de incertidumbre, ya que una inversión prometedora podría no obtener la aprobación necesaria para llegar al mercado.

14.4 Quantum Finance: El impacto de la computación cuántica en el análisis financiero.

El mundo de las finanzas, como muchos otros sectores, se ha apoyado fuertemente en la tecnología para optimizar y agilizar procesos. Sin embargo, estamos en la cúspide de un cambio monumental con la llegada de la computación cuántica. Esta nueva era, denominada "Quantum Finance", promete redefinir el análisis financiero y, con ello, la forma en que tomamos decisiones de inversión.

La promesa de la computación cuántica

La computación cuántica, a diferencia de la computación clásica, no se basa en bits que tienen un estado de 0 o 1. En su lugar, utiliza qubits, que pueden estar en un estado de superposición, es decir, pueden representar ambos valores al mismo tiempo. Esta capacidad, aunque puede sonar abstracta, permite que las computadoras cuánticas resuelvan problemas complejos a una velocidad inimaginablemente superior a las computadoras tradicionales.

Para el sector financiero, esto se traduce en la posibilidad de ejecutar modelos y simulaciones financieras con una precisión y velocidad nunca antes vista. La valoración de derivados, la optimización de carteras y el análisis de riesgos, tareas que podrían tomar horas o incluso días en sistemas convencionales, podrían reducirse a minutos o incluso segundos.

Revolucionando el análisis financiero

En la esfera de las finanzas, donde los mercados cambian en milisegundos, tener una ventaja en tiempo puede traducirse en ganancias significativas. Imaginemos poder predecir tendencias de mercado o responder a cambios globales en tiempo real. La Quantum Finance podría permitir a los analistas procesar grandes cantidades de datos a velocidades impresionantes, proporcionando insights más profundos y precisos.

Además, los modelos financieros se basan a menudo en cálculos probabilísticos. La naturaleza inherente de la computación cuántica, que se basa en principios probabilísticos, la convierte en una herramienta perfectamente adaptada para estos análisis. Esto significa que podríamos obtener predicciones más acertadas y, por ende, tomar decisiones de inversión más informadas.

Desafíos en el horizonte

A pesar del entusiasmo, es esencial comprender que aún estamos en las primeras etapas de esta revolución cuántica. Aunque existen prototipos y algunas aplicaciones iniciales de computadoras cuánticas, su adopción masiva y su integración en el mundo financiero llevará tiempo. Además, con esta nueva capacidad de procesamiento, surgen preocupaciones sobre la seguridad y la privacidad de los datos.

También está el reto de formar a profesionales que no sólo comprendan las finanzas, sino que estén familiarizados con la complejidad de la computación cuántica. Las instituciones financieras, por lo tanto, necesitarán invertir en capacitación y en la construcción de equipos multidisciplinarios.

Nos encontramos en un punto de inflexión histórico, donde la confluencia de tecnologías emergentes promete reconfigurar el panorama financiero. Desde la aplicación de la inteligencia artificial en decisiones de inversión, el uso de realidades alternas para acercarnos a los mercados, la interacción entre biotecnología y finanzas hasta la promisoria era de la Quantum Finance, está claro que el mundo financiero no será el mismo en la próxima década.

A medida que nos adentramos en este futuro lleno de posibilidades, es fundamental abordar estos cambios con una mente abierta pero cautelosa, reconociendo las oportunidades sin pasar por alto los desafíos. La formación continua, la adaptabilidad y una comprensión profunda de estas innovaciones serán cruciales para aquellos que deseen mantenerse a la vanguardia en el dinámico mundo de las finanzas.

Apéndices

A.1 Herramientas y recursos digitales para inversores

Plataformas de Trading y Brokers:

Para criptomonedas:

- **MetaMask:** *Cartera digital utilizada principalmente en la red Ethereum.*
- **Binance:** *Plataforma de comercio de criptomonedas con múltiples herramientas.*

- **Coinbase:** *Interface amigable para comprar y almacenar criptomonedas.*

Para acciones y otros activos:

- **Robinhood:** *Permite operaciones sin comisiones en acciones, opciones y criptomonedas.*
- **eToro:** *Plataforma que permite el trading de acciones, commodities, criptomonedas y más.*
- **TD Ameritrade:** *Ofrece herramientas poderosas para el trading de acciones, opciones y futuros.*
- **Fidelity:** *Ofrece una amplia variedad de herramientas de inversión, desde acciones hasta fondos mutuos.*

Herramientas de Análisis y Monitoreo:

- **TradingView:** *Plataforma líder para gráficos financieros y análisis de mercado de acciones y criptomonedas.*
- **Yahoo Finance:** *Información financiera, noticias y datos sobre acciones, bonos, y otros instrumentos.*
- **Seeking Alpha:** *Artículos, investigaciones y análisis de acciones y mercados.*
- **Morningstar:** *Investigación y análisis de acciones, fondos y otros activos.*
- **CoinGecko:** *Análisis del mercado de criptomonedas.*
- **QuantConnect:** *Plataforma de backtesting basada en la nube para acciones y criptomonedas.*
- **StockTwits:** *Una red social para inversores y traders.*

A.2 Glosario de términos de "Inversión 4.0"

- **Acción:** *Instrumento financiero que representa la propiedad en una empresa y constituye una proporción de su capital social.*

- **Dividendo:** *Parte de los beneficios de una empresa que se paga a los accionistas.*
- **ETF:** *Fondos que rastrean índices como el S&P 500 y se comercializan en bolsas de valores.*
- **Fondo Mutuo:** *Fondos operados por profesionales que recaudan dinero de muchos inversores para comprar valores.*
- **OPV (Oferta Pública de Venta):** *Proceso mediante el cual una empresa privada se convierte en pública al ofrecer acciones al público.*
- **Criptomoneda:** *Moneda digital basada en la tecnología blockchain.*
- **Blockchain:** *Registro digital descentralizado.*
- **Smart Contract:** *Contrato autoejecutable en la blockchain.*
- **Web 3.0:** *Evolución de internet hacia una web semántica y descentralizada.*
- **Realidad Aumentada (RA):** *Superposición de elementos digitales en el mundo real.*

Estos recursos y términos abarcan desde las tradicionales acciones hasta las criptomonedas, buscando ofrecer una guía comprensiva para la "Inversión 4.0" en este paisaje financiero en constante evolución.

Postfacio

Inversiones 4.0: Aprovechando Oportunidades en la Revolución Económica

Estimado lector, después de sumergirte en todos y cada uno de los capítulos de este libro, llega el momento de dirigirme directamente a ti nuevamente. Quiero agradecer tu valioso tiempo y dedicación para llegar hasta esta página, pues no todos concluyen aquello que comienzan, tú lo hiciste y eso te hace parte de aquellos pocos comprometidos que logran resultados.

Espero este primer libro, te pueda abrir las puertas hacia una nueva perspectiva en el mundo de las inversiones y consecuentemente llevarte a resultados financieros excelentes.

Siempre he pensado que nuestras metas e ideales van cambiando conforme pasa el tiempo y de acuerdo al contexto y época que nos encontramos, nuestras metas de hace diez años no son las mismas de hoy, ni las actuales serán iguales en veinte años, no obstante hoy por hoy mi misión más importante y ambiciosa es ayudar a un gran porcentaje de personas que desconocen o no tienen mucho acceso a estos temas, a cambiar de mentalidad respecto a las finanzas, las inversiones y los negocios, aprovechando la revolución tecnológica que tenemos y comenzó a inicios del siglo XXI, la cual llego para democratizar las oportunidades, y permitir que actualmente haya personas muy jóvenes creando startups y empresas digitales que facturan millones de dólares cada año desde cualquier rincón del planeta.

Una más de mis misiones y metas actualmente es ver como el país que me vio nacer: México, se convierta en potencia económica mundial, y ver como un país tan rico en recursos naturales, cultura, gastronomía, lugares y demás, pueda desarrollar ese potencial que realmente tiene. Y ya sea aportando mi grano de arena, una cubeta o un camión entero, desde mis conocimientos y área donde me desempeño haré mi aporte y también creando un cambio de consciencia en la sociedad donde logre generar un impacto, pues el activo más grande un país son las personas que lo componen, y si todos vamos hacia un mismo lado y un mismo ideal, llegaremos más lejos.

Por último, me gustaría ver un mundo más unido, ese mundo que describía John Lennon en la canción de Imagine, aquel mundo donde no se juzgue por raza, nacionalidad, credo o ideología política, sino más bien ser todos como uno mismo, y que esto a su vez y como consecuencia haga un mundo más igualitario y justo para todos. Si bien puede sonar una utopía ser todos iguales, considero que cada ser humano debe tener acceso por igual a cubrir sus necesidades más básicas y la oportunidad de prepararse para decidir a que dedicarse y que personaje quiere ser en esta narrativa llamada vida.

¡Espero podernos ver pronto de nuevo y que todos y cada uno de tus objetivos en la vida se materialicen, sin importar que tan pequeños o grandes estos sean, FLY HIGH!!!

Acerca del autor

Daniel Luna es Licenciado en Comercio Internacional y especializado en Finanzas Internacionales, actualmente cursa tambien una segunda carrera en Contabilidad y Finanzas. Inicio a invertir en la bolsa de valores hace 7 años cuando tenía 19, comprando acciones individuales de Coca Cola y Nike, dos marcas que a el le gustaba consumir.

Dos años despues comienza en el trading de CFDs y Acciones de compañías, utilizando la metodologia del análisis técnico algoritmico.

Daniel es emprendedor también y tiene un gusto especial por los negocios digitales y tecnologicos, siendo también un apasionado de la informatica y los sistemas.

"Una piedra en el camino no es montaña" – Daniel Luna

Redes sociales

Podcast
Investment Horus
Invest Smart

@daniel33luna

www.ingramcontent.com/pod-product-compliance
Lightning Source LLC
Chambersburg PA
CBHW072153290526
45794CB00004B/1498